これからの社会を生きていくための

# 人権リテラシー 第2版

\高専発!/ 書く・話す・考えるワークブック

**栗本敦子・伏見裕子** ［著］
KURIMOTO Atsuko　　FUSHIMI Yuko

北樹出版

# は じ め に

本書は、大阪公立大学工業高等専門学校の「ダイバーシティと人権」という科目のテキストとして誕生しました。中学校を卒業したばかりの1年生に提供する科目で、学生用に使える手ごろなテキストを探していたのですが、それらしいタイトルの本は、教員（指導者）向けだったり大学生向けだったりして、なかなか見つかりませんでした。

特に高専生は手を動かすのが好きなので、書き込み欄やアクティビティが盛り込まれているテキストが理想です。ちょうどそんなことを考えていたときに、人権ワークショップのファシリテーターとして活躍されている栗本敦子さんに出会いました。教職員研修や大学の教員養成課程の授業などを長年にわたり担当している栗本さんは、かつてのスタンダードで今もなお有効なアクティビティの数々が、掲載書の絶版等で受け継がれにくくなっている現状を憂いていました。立場は少し違えど、「学習者にとって必要なものがない」という共通の問題意識をもった筆者らが、「ないなら、作ってしまおう！」と考えたのが、本書の生まれた経緯です。

高専生に限らず、誰もがこれからの社会を生きていくために欠かせない知識・スキル・態度のベースになるものが、人権リテラシーだと筆者らは考えています。リテラシーとは、さまざまな物事や情報を読み解き、活用する力のことです。

みなさんは、社会のなかで「基準」や「標準」とされるものが、どのような事物や情報をもとに決められてきたか、考えたことはありますか。また、日々たくさんの情報や出来事に接するなかで、しんどさや生きづらさを感じたり、理不尽な思いをしたりしたことはありませんか。あるいは、友人などからそういった相談を受ける人もいるでしょう。

これらは、人権、すなわち“自分らしく生きる——自分の生き方を自分で決める——ことを可能にするための必要条件”と深くかかわっているかもしれません。

なお、大阪公立大学工業高等専門学校では、個別の人権課題については『ふらっとライフ——それぞれの「日常」からみえる社会』（北樹出版、2020年）というテキストで学ぶことになっていますので、本書はその基礎編という位置づけになります。本書を通じて人権を学ぶことで、何よりもまず、みなさん自身がエンパワメントされますように。そして、みなさんが、社会の構造や日々の出来事の背景について分析・考察し、誰もが生きやすい社会の構築をめざしていけることを願っています。

## 第2版に寄せて

本書の刊行から約半年が経ち、本ワークブックを用いた高専での授業が一巡しました。授業をするなかで、ワークブック中に伝わりづらい箇所や分かりづらい表現があることを学生に気づかせてもらいました。それらの点を改め、第2版として世に出せることをうれしく思います。

2023年11月　　　　　　　　　　　　　　　　　　　　　　　　　伏見　裕子

# この本の使い方

## ⦿ 学習者（学生）のみなさんへ

　この本は、サブタイトルの通り「書く・話す・考える」ことによって、人権リテラシーが身につくように作られたワークブックです。このページでは、各項目の意味と使い方を説明します。

　本編（第1回～第13回）の随所には、《回答欄1》などの表示があります。この表示がある問いの回答欄は、この本の中ではなく、別紙のワークシートに掲載されています。授業や研修で使用する場合は、専用のワークシートが配布されるでしょう。個人学習の場合は右のQRコードより、北樹出版のホームページ上に掲載されているワークシート・資料を使用してください。

### 🔍 テーマ

　各回でどんなことをするのか、何について考える回なのか、簡潔に書いています。学習していて混乱してきたときは、ここに立ち戻ってみましょう。

### 💬 アクティビティ

　アクティビティが多く掲載されていることは、この本の一番の特徴です（p.1参照）。授業や研修で使用する場合、ここに書かれている手順等が講師（教員）の説明を理解するヒントになるでしょう。個人学習の場合は、手順等をよく読んで、取り組んでみてください。

### 📝 ノート

　アクティビティで体験的に学んだことをもとに、知識を身につけ、スキルや態度を養うためのコーナーです。用語や調べたことなどを書き込みながら、オリジナルの「ノート」に仕上げていきましょう。

#### 💭 ぐるぐるタイム！

　ノートの前後に、時々登場します。問いかけに答えようとするなかで、ノートの内容をより深く、自分に引きつけて考えられるでしょう。答えを出してすっきりすることをめざすのではなく、ぐるぐると思いを巡らせて、学びを深めてください。

> #### 💬 ひとこと ⋯⋯⋯⋯⋯⋯⋯⋯⋯⋯⋯⋯⋯⋯⋯⋯⋯⋯⋯⋯⋯⋯⋯⋯
> 　各回の内容について、著者からみなさんに伝えたいメッセージです。多くは、各回の「まとめ」のようになっていますが、「こんな風に考えてみたらどうかな？」という提案が含まれている回もあります。書かれている通りに理解・行動しなければならない、というわけではなく、「そういう考え方もあるのか」ととらえ、日々の生活や人生における選択肢を増やすことにつながればと願って書きました。

#### 🧩 発展学習

　各回のテーマに関する応用的な問いかけで、いわば宿題のような位置づけです。積極的にチャレンジしてみましょう。

## ⦿ この本を使って授業・研修を行うみなさんへ

　本書を授業や研修のテキストとして採用いただく場合は、指導者向け解説を提供しております。詳細は、上記QRコードより北樹出版HPをご覧ください。ワークシート、回答例もダウンロードしてお使いいただけます。なお、各回90～120分での実施を想定した内容となっています。

# 目　次

# 本 書 の 構 成

| 第１回　ガイダンス | 人権の歴史や定義、基礎知識を整理していきます。 |
|---|---|
| 第２回　そもそも人権とは？ | |
| 第３回　人権は進化／深化する | |
| 第４回　「わたし」と人権 | 人権を自分自身にひきつけ、日常とのつながりで考えていきます。 |
| 第５回　すべての人が尊重されるってどういうこと？ | |
| 第６回　差別は「する」？「ある」？ | 差別を社会構造からとらえ、概念をつかって読み解いていきます。 |
| 第７回　マジョリティ・マイノリティ | |
| 第８回　特権とは | |
| 第９回　みんな同じ＝平等？ | |
| 第10回　対立は悪くない | 具体的な場面を想定しながら、人権尊重のスキルを学びます。 |
| 第11回　「わたし」と「あなた」を尊重する | |
| 第12回　情報の取り扱い | |
| 第13回　よりよい社会をめざして | 学びをふまえ、社会との関わりを考えます。 |

# 第1回　ガイダンス

 **テーマ**

この授業の進め方と特徴を理解し、人権の視点で物事をとらえる練習を始めてみましょう。

 **ノート1 《アクティビティを通じて、人権の基礎（人権リテラシー）を学ぼう》**

◉ **アクティビティとは**

・一方向的な講義のみによって知識を提供するのではなく、講師（教員）と参加者（学生）が、また参加者同士がやりとりすることを通して、気づきをうながし、学ぶ方法のことをワークショップという。アクティビティとは、ワークショップのなかで取り組む1つひとつの活動のこと。

・グループワークなどの活動＋必要に応じて講義（必要な知識の提供・結果の整理）から成る。

・講師が想定した「答え」に到達することが目的ではなく、参加者自身が「自分なりの答え」を出すことをめざす。

・「自分なりの答え」は、何でもいいわけではない。前の回までに学んだことを活かしつつ、新たな視点や、これまで気づかなかった角度からテーマについて掘り下げ、自分のなかで試行錯誤し、自分の言葉で説明することが大切。

◉ **リテラシーとは**

いろいろな物事や情報を読み解き、活用する力のこと。この授業では、さまざまな資料を参照しながら、社会全体の構造や出来事の背景について分析・考察し、これまでよりも一歩深めて問題の解決方法を検討できるようになることをめざす。

 **ノート2 《人権って？　ダイバーシティって？》**

💭 **ぐるぐるタイム！**

・これまでに、学校の授業などで、人権について学んだ経験があると思います。
　人権にどんなイメージをもっていますか？
　現時点で、「人権」と聞いて思い浮かぶイメージを言葉にしてみましょう。《回答欄1》

## ⊙ 人権（Human Rights）とは

```
①
```

（ヒューライツ大阪「人権とはなんでしょう」Web サイト）

```
②
```

（阿久澤・金子，2006）

人権の定義について法務省の HP を調べて、書き込んでみよう。

```
③
```

⇒ あなたの言葉で定義するなら？《回答欄2》

⇒ 1人ひとりが「自分らしく」生きることを保障された先に、多様性がある！

## ⊙ 多様性（diversity、ダイバーシティ）とは

……おたがいの間にある（④ 　　　　　　）を尊重すること。

⇒ 誰にでも人権があることをふまえ、ちがいを尊重するということを考えていこう。

 ノート 3 《「みんなちがって、みんないい」？》

> ### 私と小鳥と鈴と
>
> 私が両手をひろげても、／お空はちっとも飛べないが
> 飛べる小鳥は私のように、／地面（じべた）を速くは走れない。
>
> 私がからだをゆすっても、／きれいな音は出ないけど、
> あの鳴る鈴は私のように／たくさんな唄は知らないよ。
>
> 鈴と、小鳥と、それから私、／みんなちがって、みんないい。
>
> （金子，矢崎監修，2022，373）

　この詩は、ほのぼのとした余裕のある生活から生まれたものではない。作者の金子みすゞ（本名テル、1903-1930）は、1926 年に結婚して娘をもうけたが、「放蕩無頼」な夫から淋病をうつされ、さらに、夫から詩作や仲間との文通を禁じられた。みすゞと夫は離婚することになったが、当時の法律では、離婚後の子の親権は父親にしか認められていなかった。みすゞは 26 歳のときに、娘を自分の母に託してほしいという遺書を残して自死し、夫への抗議の意を表した。結婚後に書いた「みんなちがってみんないい」は現実ではなく、みすゞが自分の置かれている過酷な状況のなかで抱いた願いであった。（参考：矢崎，1993；神村・森編著，2019；安西ほか編著，2011）

## 💬 アクティビティ《「困っている人を助けよう」》（ペアワーク）

【設定】友人が、次のような状況で困っているとします。あなたが「思いやり」をもって、それぞれの状況に対応するとしたら、どのようにしますか？

- A．外出中に、スマホのバッテリーが切れた
- B．いつも利用している市立図書館がなくなってしまった
- C．車いすを使用しているので、目の前の段差が越えられない
- D．ネットに自分の個人情報がさらされた
- E．保護者が失業した
- F．警官に盗難自転車の疑いをかけられた
- G．先生の板書のペースがはやくて、ノートをとるのが追いつかない
- H．自分の進路を保護者に決められた
- I．地震で家が壊れた
- J．政情不安で難民になった

【ふりかえり】

① 思いやりの限界についてどのようなことを考えましたか。《回答欄3》

② 思いやり以外に何があればよかったでしょうか？　誰のどんな対応が必要だと思いますか？《回答欄4》

③ 人権と道徳の考え方のちがいについてどのようなことを考えましたか。《回答欄5》

---

💬 **ひとこと** ∙∙∙∙∙∙∙∙∙∙∙∙∙∙∙∙∙∙∙∙∙∙∙∙∙∙∙∙∙∙∙∙∙∙∙∙∙∙∙∙∙∙∙∙∙∙∙∙∙∙∙∙∙∙∙∙∙∙∙∙∙∙∙∙∙∙∙

「みんなちがって、みんないい」、「優しさや思いやりが大切」。人権と聞いて、このようなことを思い浮かべる人は多いかもしれません。けれど、個人の心がけだけでは解決しない問題が社会にはたくさんあります。それを解くカギが人権なのです。

この授業（本書）では、社会の現実がどうなっているのか、どのような人たちが不利な立場におかれているのか、どうしたらすべての人が尊重される社会になるのかについて、人権の視点から学んでいきましょう。

---

📦 **発展学習**

① 世界各地で起きている自然災害（地震の津波やサイクロンなど）で、男性よりも女性の死者数が多い傾向がみられるのはなぜでしょうか。《回答欄6》

② 新型コロナウイルス感染症（COVID-19）の流行初期、アメリカでは、アフリカ系アメリカ人の方が感染リスクが高く、死者も多かったと報じられていますが、背景としてどのようなことが考えられるでしょうか。《回答欄7》

③ 自動車事故に遭った場合に、女性の方が重傷になる確率が高いというデータがありますが、その理由は何だと考えますか。《回答欄8》

# 第2回　そもそも人権とは？

 テーマ

人間とは何かをあらためて考え、人権の概念を整理してみましょう。

 アクティビティ《宇宙人がやってきた》

【設定】

地球上に、宇宙人がやってきました。宇宙人は、「人間」とよばれている生き物のことを知りたがっているようです。この宇宙人が地球を旅しながら、何か生き物に出会うたびに、それが「人間」かどうか判断できるように、どのような情報を提供しますか？

【手順】

① グループで話し合い、3分間で20項目あげてください。《回答欄1》

まずは質より量を重視して、どんどんあげていきましょう。

（あとで発表してもらうので、発表者も決めておいてください）

※個人で実施する場合は、1人で10項目あげてみましょう。

② ①であげたことのうち、ほかの生き物とも共通しているもの・すべての人間に当てはまるとは限らないもの（当てはまらない人がいるもの）をそれぞれ除くと、何が残るでしょうか？《回答欄2》

⇒ すべての人間に当てはまり、かつ、ほかの生き物と共通しないものだけを残します。

※もし項目がどんどん減ってしまって残らないようなら、新しい項目を追加しても構いません。

 ノート1《そもそも、人間とは……？》

「宇宙人がやってきた」のアクティビティは、人権が人間の権利である、というときに、人間とは誰を指すのか、ということを確認するために考えられた活動。

人権＝人間の権利に他ならない。

権利は抽象的な概念 ⇒ 学ぶ機会が多い。

しかし、そもそも「人間」とは？

## ⊙ 人権を考える際の人間の定義

（①　　　　　　　　　　　　　　　　　　　　　　　　　　　　　　　　　）である。

　⇒（②　　　　　　　　　　　　　　　　　　　　　　　　　　　）。

　（ ‘ω’ )ノ「どうしてそんな当たり前のことを確認するの？」

　（｀・ω・´）「人権の歴史を振り返ってみるとわかるよ！」

## ⊙ 人権の歴史

・1789 年　（③　　　　　　　　　　　　　　　　）⇒「人および市民の権利宣言」

※最初期の人権宣言の１つ……王様や貴族以外の庶民にも権利があるとうたい上げた重要な宣言。

> ただ……（④　　　　　　　　　　　　　）や、一定の財産等をもっていない男性は
> 含まれていなかった！　⇒ 異議申し立てがなされた。

たとえば……、

・1791 年　グージュ（Olympe de Gouges, 1748-1793）による「女性および女性市民の権利宣言」

> 第1条　女性は、自由なものとして生まれ、かつ、権利において男性と平等なものとして生存する。

この後も、「人」とは誰か？　という議論については、紆余曲折があった。

（⑤　　　　　　　　　　　　）では、肌の色や言葉が違う人の「人権」は想定されていなかった。

（⑥　　　　　　　　　　　　）では、宗教が違う人・障害者・同性愛者などが迫害・虐殺された。

※戦争は最大の人権侵害！

　⇒　人権の歴史とは、さまざまな人が、「人」に入っていない！（「人」として扱われていない！）と（⑦　　　　　　　　　　　　）をすることにより、人権をもつ存在としてカバーされるようになってきた歴史。

・1948 年（⑧　　　　　　　　　　　　）

＝　"（⑨　　　　　　　　　　）Declaration of Human Rights"

※ Declaration ＝宣言。

　……（⑩　　　　　　　　　　　　　　　　　　）と明記したのは画期的なこと。

> 第1条　すべての人間は、生れながらにして自由であり、かつ、尊厳と権利とについて平等である。
> （原文：Article 1.（⑪　　　　　　　　　　　　　）are born free and equal in dignity and rights.)

⇑草案では all men となっていたが、異議申し立てをした人々がいた！

※man ＝英文法上は「人」・「男性」の両方の意味 ⇒「すべての人」が含まれることをより明確にした表現へ。

 **ノート2 《あらためて、人権とは？》**

人権（human rights） ← （⑫　　　　　　　　　　　　　）

人権とは、（⑬　　　　　　　　　）なものではなく、

（⑭　　　　　　　　　　　　　　　　　　　）もの。

> 自分のもっている権利、いくつあげられますか？

◉ **自分のもっている権利をたしかめる**

世界人権宣言の第1〜30条（大阪府「わたしたちの世界人権宣言」Webサイト）をじっくり読んでみよう。

> 権利が守られているかどうか、確かめるには？

① どの権利が守られているだろうか。《回答欄3》

② 守られていないと思う権利があれば記入しよう。《回答欄4》

③ 権利が守られていないと感じるとき、どうすれば自分の権利を守られた状態にすることができるだろうか。《回答欄5》

④ 第1回のアクティビティで扱った「困った状況」と関係のある条文をあげてみよう。また、その条文（権利）を実行に移す責任があるのは誰だろうか。《回答欄6》

※アムネスティインターナショナルのWebサイト「世界人権宣言」（谷川俊太郎訳）もわかりやすい。

> （前略）人権とは、読んで字のごとく「人のもつ権利」なのですが、自分がどんな権利をもっているか、具体的に考えたことのある人は少ないようです。また、具体的に考えたことがないからこそ、これを「思いやり」「やさしさ」などの抽象的な言葉に置き換えてしまう傾向が強まるのではないでしょうか。（中略）人権が「法」に記されるのは、主権者である私たちが、「こうしたい」と考える社会を明確にし、それらが「国家」や「行政」によって実現されるよう求めるためであり、（中略）憲法に記された人権、条約に記された人権の一義的な名宛人は、まずは「国家」なのです。（阿久澤・金子, 2006, 44-46）

◉ **補足1　義務をはたさなければ、権利は主張できない？**

・権利のなかには、義務とセットになっているものもあるが、それらは人権とは別。

「貸家に住む権利と家賃を払う義務」、「車を運転する権利と道路交通法を守る義務」など。

・人権は無条件に保障されるべきものであり、他人の人権を侵害しない限り、制約してはならない（逆にいうと、他人の人権を侵害する権利は誰ももっていない）。

◉ **補足2　人権は法で保障されているから、私たちは何もしなくてもいい？**

・日本国憲法第12条「この憲法が国民に保障する自由及び権利は、（⑮　　　　　　　　　　　　　）によつて、これを保持しなければならない。（後略）」

　「すべての人に人権がある」。これは当たり前のようで、当たり前ではありません。人権をもつ人の範囲は、紆余曲折を経て、1948年の世界人権宣言で「すべての人間」となったのです。

　すべての人の権利を尊重するということは、みんなと仲良くするということではありません。嫌いな人がいるのは仕方がないし、仲良くしなくてもかまわない。けれど、人権は尊重する。人間関係で大事にしたいことと、人権の考え方を整理してとらえられるようになりましょう。

🧊 発展学習

　世界人権宣言で「すべての人間」の人権について規定されたにもかかわらず、その後もさまざまな人権条約がつくられています。

　① 人権条約にはどんなものがあるか、調べてみましょう（5つ以上）。《回答欄7》

　② わざわざそれらがつくられた理由について、考えてみましょう。《回答欄8》

# 第3回　人権は進化／深化する

## テーマ

　これまでに人権の考え方がどのように変化してきたのかを学び、これからの人権について考えてみましょう。

## アクティビティ《無人島ゲーム》

　【設定】今からあなたは、無人島に送られることになりました。誰と行くか、いつ帰れるのかはわかりません。

　持っていけるものは「必要なもの（Needs）」5つ、「欲しいもの（Wants）」5つの、合計10品だけ。

　あなたは何を持っていきますか？

　【手順】

① まず、自分の回答を書き込んでみましょう。《回答欄1》

② グループで話し合いましょう。

・それぞれの Needs と Wants と、その理由について紹介し合いましょう。

・グループで話し合って、グループとしてのリストを作りましょう。《回答欄2》

③ グループ発表・質疑応答

　他のグループの発表を聞いて気づいたこと、聞いてみたいことなどをメモしましょう。

《回答欄3》

④ Needs と Wants は、どちらか一方で大丈夫ですか？　どちらも必要ですか？

また、それはなぜですか？《回答欄4》

　無人島生活が長期化した場合のことも考えてみましょう。

##  ノート1 《人権のあゆみと分類》

　人権が確立する以前のヨーロッパは（①　　　　　　　　　　）社会であり、君主たちはみずからの権力の正当性を説明するために（②　　　　　　　　　　）の考えを好んで用いた。一方、これに異議を唱えたロック（John Locke, 1632-1704）やルソー（Jean-Jacques Rousseau, 1712-1778）らは、（③　　　　　　　　　　　）を主張した。17 〜 18 世紀頃には、市民も力を蓄え、君主への不満が頂点に達したとき、各地で（④　　　　　　　）を起こした。

こうして君主を倒して権力を勝ち取った市民は、自分たちが生まれながらに（⑤
　　　　　　　）で（⑥　　　　　　　　）であることを高らかに宣言した[1]。これらはその後、各国の憲法のなかで（⑦　　　　　　　　　　）や（⑧　　　　　　　　　　　）[2]として定式化されていく。つまり、いま私たちが「人権」と呼んでいるものの原型は、（⑨　　　　　　　　　　　　）から生まれたということである。こうして、為政者による（⑩　　　　　　　　　）を防止し、人々の（⑪　　　　　　　　　　　　　　）を守るため、人々が（⑫　　　　　　　　）をつくって（⑬　　　　　　　　　　　）に守らせるという（⑭　　　　　　　　　　）の考え方が確立した。

　その後、人々は自由を享受し、経済活動の活発化や科学技術の発達と相まって、社会が豊かになっていくが、経済的な（⑮　　　　　　　　）もまた、無視できない状況になってきた。そこで、人間らしく生きることができるための一定の生活水準・労働条件・教育環境などを国に要求する（⑯　　　　　　　　　）という人権が登場した[3]。

　現代においても、プライバシー権や環境権などの（⑰　　　　　　　　　　　　　）が主張されている。日本国憲法では、第13条の「（⑱　　　　　　　　　　　　）権」などによって、これらも保障されると解釈されている。人権は、今なお拡大し続けているのであり、これからの私たちの行動が重要になる。

---

　1）ただし、第2回で見たように、たとえばフランス人権宣言の場合、「市民」とはすなわちヨーロッパの白人男性のことであった。これに該当しない人々は、後の時代に、「私も人間であり、権利の主体である」と立ち上がるようになる。
　2）法の下の平等にもとづいて、人々には国家に平等な取り扱いを要求する権利（平等権）が保障される。
　3）自由権は、市民的政治的権利、第一世代の権利、（⑲　　　　　　　　　　　　　　　　）。社会権は、社会的経済的権利、第二世代の権利、（⑳　　　　　　　　　　　　　　　　　　）。

（参考：阿久澤・金子，2006，18-26）

 **ノート2　《人権をもっとみんなのものに》**

### ◉ さまざまな人権条約

　世界人権宣言のあとも、さまざまな人権条約が作られた。

　「すべての人間」から取り残されやすい人たち、固有のニーズがある人たちについて個別の人権条約でおぎない、「すべて」を確実なものにすることがめざされている。

| | | |
|---|---|---|
| 1965 年 | 人種差別撤廃条約 | （1995 年加入） |
| 1966 年 | 社会権規約 | （1979 年批准） |
| 1966 年 | 自由権規約 | （1979 年批准） |
| 1979 年 | 女性差別撤廃条約 | （1985 年批准） |
| 1989 年 | 子どもの権利条約 | （1994 年批准） |
| 1990 年 | 移住労働者権利条約 | （未締結） |
| 2006 年 | 障害者権利条約 | （2014 年批准）　など |

〔例1〕子どもの権利条約

　・1959年　「児童の権利に関する宣言」が国連総会で採択される。

　・1979年　国際児童年。国連人権委員会は、前年にポーランドから提出された「児童の権利に関する条約」の草案を検討し、作業部会を設置。

　……ポーランド在住だったユダヤ人医師ヤヌシュ・コルチャック（Janusz Korczak, 1878-1942）の存在も強く影響。コルチャックは、大戦中、子どもたちの生活と教育の場をつくり、自治を重んじた。そして、子どもたちと一緒にガス室で最期を迎える。コルチャックの「子どもは今を生きているのであって、将来を生きるのではない」という考え方が、条約に活かされている。

　・1989年　国連総会で条約採択。

　……「子どもの権利条約」では、子ども＝18歳未満と定義。

　子どもを、保護の対象としてだけでなく、（㉑　　　　　　　　　　　　　　）と明記したことは画期的。

　子どもの基本的人権を国際的に保障するための54条から成る。

　大きく分けると、以下の4つの権利で構成される。

> ㉒

😊 ぐるぐるタイム！

　皆さんは、「自分の権利」として、子どもの権利をどれくらい知っていますか？　条文を読み、「自分が尊重されていた／されていなかった」と思う具体的な事柄をあげてみましょう。《回答欄5》

〔例2〕障害者権利条約

　・1987年に、障害者権利条約をつくろうという最初の話し合いが国連で行われたが、日本を含め多くの国が反対した ⇒ その後、必要性に気づき始めた。

　・2001年〜国連での話し合いがスタート。

　　さまざまな障害のある人たちが、みずから自分の意見を発言。

　……権利行使の主体というだけではなく、条約をつくるプロセスにもかかわった。

　＝条約の使い手だけではなく、つくり手でもある。

　　そのときの合言葉は……、

> ㉓

（参考：長瀬編著，2019）

ノート3 《進化／深化する人権》

・人権の出発点は、この社会のすべての人が生きやすくなるために、みんなでつくったルール。

⇒（㉔　　　　　　　　　　　　　　　　）にして、

（㉕　　　　　　　　　　　　　　　　）である。

・人権の考え方は200年以上前からつくられてきている。

⇒ 現代の私たちは、ある程度出来上がったものを体系としてみることになる。経緯を知らないと、「これを言ってはいけない」、「あれは差別だから怒られる」というように、自分たちを縛るものとして感じられるかもしれない。しかし、本来は、この社会のすべての人がより自由に、自分らしく生きられるようにするためにつくられたもの。

・人権のとらえ方や内容は、時代とともに進化／深化していくし、私たち自身が深めたり付け加えたりできるものである！

---

💬 ひとこと ・・・・・・・・・・・・・・・・・・・・・・・・・・・・・・・・・・・・・・・・

　第1回～第3回で、改めて人権について整理をしてきました。これまでのイメージから変わったことはあったでしょうか。歴史や法などの話は、少し難しかったかもしれません。次回からは、自分自身に引きつけてみたり、身近で具体的な場面を思い浮かべたりしながら考えていきましょう。

---

🧱 発展学習

① ネット時代に、どのような新しい人権課題が出てきているでしょうか？ 《回答欄6》

② ①に対して、権利を守る取り組みにはどんなものがありますか？ 《回答欄7》

③ あなたが、今どきの若者代表として、"ネット時代の人権基準づくり"の委員を務めることになったら、どんなことをしたいですか？ 《回答欄8》

# 第4回 「わたし」と人権

 テーマ

　3つのアクティビティを通じて自分をふりかえり、1人ひとりの多様性と個人のかけがえのなさについてじっくり向き合ってみましょう。

 アクティビティ1 《じゃがいもと友だちになろう》

【手順】

　① 「じゃがいも」と聞いて思い浮かぶもの・ことをあげてみましょう。《回答欄1》

　② じゃがいもを1人1つずつ受け取ってください。

　③ 自分のじゃがいもと仲良しになってください。このじゃがいもは、どこで生まれ、どうやってここまで来たのか、凹みや傷はどうして付いたのか、ここまでどんな"人生"をおくってきたのでしょうか。あとで他の人たちに話してあげられるくらい詳しく聞いて、語り合い、本当にいい友だちになってください。《回答欄2》

　④ グループに分かれて、自分の友だちを紹介し合います。

　⑤ 最後に友だちをじっくり見て、別れを告げます。

　⑥ すべてのじゃがいもを、1か所に集めます。

　⑦ 再会したときに、自分の友だちを見つけられますか?

 アクティビティ2 《リフレーミング》

【手順】

　リフレーミングとは、考え方の枠組み（フレーム）を変えることです。《回答欄3》の表の1〜26のうち、自分の「短所」として当てはまるもの（3〜5つ程度）に○をつけ、「長所」に言い換えてみましょう。

 アクティビティ3 《去年はできなかった、でも今年はできる》

【手順】

　「自分」は固定的なものではなく、常に変化しています。去年の自分と今年の自分の変化をふりかえり、できるようになったことを書いてみましょう。具体的なことでも抽象的なことでも構いません。《回答欄4》

　今、自分が「できない」と思っていることも、今後、変わるかもしれません。自分が「能力」を身につける、という狭い意味だけではなく、社会が変化することによって、可能になることもあるかもしれませんね。たとえば、「自分はノートがうまくとれない」と思っていたけれど、PCでノートをとることがスタンダードになると、ノートをとることに困難を感じなくなる場合などです。「できない」と決めつけすぎず、未来に向かっていきましょう。自分を大切にすることも、人権尊重の第一歩です。

# 第5回　すべての人が尊重されるって どういうこと？

## テーマ

　多様な人のいる場で、誰もが安心できるとはどういうことか、具体的な場面を想定して考えてみましょう。

## アクティビティ《ことばカードで考えよう》

「気がかり度」レベル

赤　事故危険！
　　よくない、止めたい、赤信号の言葉
黄　ちょっと考えたほうがいいかも？
　　要配慮／要注意の黄色信号の言葉
青　大丈夫、安全だ！の青信号の言葉

　・教室での発言（教師／生徒）を取り上げ、誰にとっても安心できる場について考えます。

　・具体的には、下の「ことばカード」を見て、そのことばに対応する信号の色から、右の「気がかり度」レベルを話し合います。

　※色を決める基準は、そのことばが誰かの存在を無視・否定したり、場の多様性を損なったりしていないか、です。

### 【手順】

　グループに分かれて行います。

　※以下では、中学校の教室を想定：カードの背景が白＝生徒、グレー＝教師の言葉です。

　① それぞれの「ことばカード」について「気がかり度」が何色だと思うかだけを全員が言います。

　② 理由を互いに聞き合いましょう。

　③ グループとしての意見（何色か）を決めましょう。その際、全員の意見を無理に合わせる必要はありません。合意が難しい場合は、保留にして次のカードに進みましょう。

　④ 提示される設定を見て、「もしこういう人が教室にいたら、どう思うか？　本当にその色でいいか？」を考えてみましょう。

　⑤ アクティビティを通じて考えたことや感想を、具体的に書きましょう。《回答欄1》

### 【ことばカード】

| | | | |
|---|---|---|---|
| 次の休みの日、一緒に遊びに行こうよ。 | 男同士でイチャイチャするなよ〜（笑） | あいつマジうざい。死ねばいいのに。 | やっぱハーフってかわいいね！うらやましい〜。 |

| | | | |
|---|---|---|---|
| 今度のワールドカップ、韓国には負けてほしくないよな！ | 最近全然部活にやる気が出ない。しんどいなぁ…… | 授業妨害するやつは学校来るのやめてほしいわ。 | ○○ちゃんって彼氏つくらないの？ |
| 進路どうするの？そろそろ本腰入れて考えないとダメだよ。 | 今回の席替えは男女隣同士になるようにします。 | 遅刻だぞー。急いで移動しろー。 | （保健の教科書を読んで）思春期になると誰もが異性に興味を持つようになります。 |
| 18歳になったら、ちゃんと選挙に行こうね！ | クラス一丸となって体育祭に向けてがんばろう！ | またケンカしたの！?なんでいつもそんなにすぐ手が出るの！ | このプリント、大事なやつだからお母さんに忘れずに渡すようにな。 |

 ノート 《「他者の靴を履く」こと》

　以下は、『ぼくはイエローでホワイトで、ちょっとブルー』（ブレイディみかこ，2019）からの引用。イギリスでは、シティズンシップ・エデュケーション（市民教育）という科目がある。その試験についての親子の会話を以下に引用する。

---

「試験って、どんな問題が出るの？」と息子に聞いてみると、彼は答えた。「めっちゃ簡単。期末試験の最初の問題が『エンパシーとは何か』だった。で、次が『子どもの権利を三つ挙げよ』っていうやつ。全部そんな感じで楽勝だったから、余裕で満点とれたもん」得意そうに言っている息子の脇で、配偶者が言った。「ええっ。いきなり『エンパシーとは何か』とか言われても俺はわからねえぞ。それ、めっちゃディープっていうか、難しくね？　で、お前、何て答えを書いたんだ？」「自分で誰かの靴を履いてみること、って書いた」自分で誰かの靴を履いてみること、というのは英語の定型表現であり、他人の立場に立ってみるという意味だ。日本語にすれば、empathy は「共感」、「感情移入」または「自己移入」とされている言葉だが、確かに、誰かの靴を履いてみるというのはすこぶる的確な表現だ。
（中略）
エンパシーと混同されがちな言葉にシンパシーがある。
（中略）シンパシーのほうはかわいそうな立場の人や問題を抱えた人、自分と似たような意見を持っている人々に対して人間が抱く感情のことだから、自分で努力をしなくとも自然に出て来る。だが、エンパシーは違う。自分と違う理念や信念を持つ人や、別にかわいそうだとは思えない立場の人々が何を考えているのだろうと想像する力のことだ。シンパシーは感情的状態、エンパシーは知的作業とも言えるかもしれない。

（ブレイディみかこ，2019，72-75）

---

　⇒ エンパシーとシンパシーの違いについて、具体的に考えてみよう。《回答欄2》

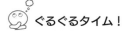 **ぐるぐるタイム！**

　学校の教室を「誰もが安心できる場」にするには、どうすればよいでしょうか？　実際の教室を思い浮かべながら、次の3つの観点を参考に考えてみましょう。《回答欄3》

　・誰かが傷つくかもしれないと思う発言がなされたとき、どうしますか？

　・あなた自身が誰かの発言で傷ついたとき、どうしますか？

　・あなたの発言で誰かを傷つけてしまったとき、どうしますか？

---

💬 **ひとこと** ・・・・・・・・・・・・・・・・・・・・・・・・・・・・・・・・・・・・・・・・・・・・・・・・・・・・・・・・・・

　すべての人の背景をあらかじめ想定して、誰も傷つけないようにすることは現実的ではありません。誰もが、傷つけたり傷つけられたりすることはあります。だからといって、開き直って「傷つけるのは仕方がない」ということでもありません。学ぶことによって、エンパシーのスキルを身につけることはできるはずです。学ばないと、傷つけたことに気づくこともできません。ともすれば、「悪気はない」、「そんなつもりはなかった」と、さらに傷つけてしまうこともあります。

　失敗したときには、素直に「ゴメン」と言って、そこから学ぶ。学び続ける姿勢で、新しい関係を広げていきましょう。

---

🧱 **発展学習**

　行為者の主観的な意図を問わず、敵意・軽蔑、否定、軽視、侮辱のメッセージを少数派に伝えてしまう言動をマイクロアグレッションといい、近年注目されています。

　【巻末資料②】を参考にしながら、あなたが見聞きしたことのあるマイクロアグレッションの具体的な例をあげてみましょう。《回答欄4》

## 第6回　差別は「する」？「ある」？

🔍 **テーマ**

　ふだん何気なく使っている「ふつう」という言葉を通して、社会のなかにある構造としての差別に目を向け、社会を変えるためには何が必要か、自分には何ができるかを考えてみましょう。

💬 **アクティビティ《「ふつう」って？》**

**【手順】**

（1）以下の項目について、自分の考えを記入しよう。

　①状況A〜Cの「ふつう」の使い方に、気になること・ひっかかることはありますか？　あるとしたら、どんなことですか？《回答欄1》

　また、あなた自身、「ふつう」という言葉にモヤモヤしたことはありますか？　あるとしたら、どんなことですか？《回答欄2》

　②状況A〜Cについて、普段のあなたが実際にその場にいたら、どう思いますか？　どうしますか？《回答欄3》

　③状況A〜Cを、人権の視点を意識して読んだら、どう思いますか？《回答欄4》

　④「ふつう」は、どのような意味や意図で使われているのでしょうか。また、「ふつう」には、どのような"危うさ"があるでしょうか？　「ふつう」について考えたことを書きましょう。《回答欄5》

（2）（1）④で書いたことについて、グループで意見交換し、発表しましょう。《回答欄6》

※《回答欄6》は、メモとして使用してください。

---

**状況A**

　何人かで雑談をしていたとき、ある人が同性愛者について差別的なことを言いました。それに対してAさんが「そういう言い方はよくないと思う。性のあり方はさまざまなんだから」と言ったところ、「もしかして、あなたも同性愛なん？」と聞かれたので、Aさんは「ちがうよ、わたしはふつうやけど」と答えました。

**状況B**

　Bさんは被差別部落（同和地区）の出身です。人権についての授業をうけた帰り道、友人に「じつは、わたし部落出身やねん」と話しました。それに対して友人は「え、そうなん？　Bさん、ふつうやし、ぜんぜん気づかへんかったわ」と言いました。

**状況C**

　Cさんは小学校6年生。やんちゃなところがあり、思いがけない行動をしてまわりを驚

かせることもあります。あるとき、クラスメイトともみあいになり、教室の窓を割ってしまいました。ケガ人は出ませんでしたが、保護者会で問題になり、「先日、テレビで発達障害についての特集を見たんですけど、Ｃさんのためにも<u>ふつう</u>の中学校はしんどいのでは……」という発言がありました。

 ### ノート１《差別って、「する」もの……？》

・「わたしは差別したことも、されたこともありません」……ってホント？
・「差別とはかかわらずに生きていく」……ことってできる？
・「差別を他人ごとではなく自分ごととして考える」……ってどういうこと？
⇒ そもそも、差別は「する」もの？
※人権＝差別問題、ではないが、ここではひとまず置いておく。
※差別の定義については、【巻末資料①】「世界人権宣言および人権条約にみる差別の定義」参照。

◉ 「差別」・「ふつう」って、こんなイメージ
　……？（図6-1）

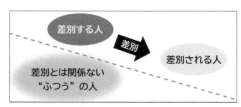

◉ 「ふつう」からみえてくるもの
・いわゆる「ふつう」は多数派。しかし、自分が多数派であるということは自覚されない。

図6-1 "ふつう"のイメージ

・少数派は、名づけられ、特徴を語られ、分析される。多数派がされない質問をされる。
＝自分の属性について考えざるをえない、意識せざるをえない状況になることも多い。
※詳しくは、第7回で学習する。

 ### ノート２《差別の「ある」社会にどう向き合うか：「ふつう」から考える》

> 一般的で、どのような状況や場面にでもあてはまる"普通"など、どこを探してもない。"普通でありたい"という思いは、おそらくは常に私たちを捉えて離さないだろう。しかし、その思いのなかにある"普通"とは、世の中でいろんな意味や基準から考えて"外れている、あるいは外されている"人々や現実の"仲間入り"をできるだけしたくないという意志の表れなのである。
> 
> （中略）
> 
> "普通であること"は、決して私たちに"差別をしない"保証を与えるものではない。むしろ、そこに安住することで、世の中にある差別は、確実に生き延びて、育っていくだろう。つまり、私たちが深く考えることなく"普通に安住すること"は、差別にとってこのうえなく良い"こやし"となるのだ。
> 
> （好井, 2007, 180）

「ふつう」という言葉を使ってはいけない、ということではない。
深く考えることなく「ふつう」でいることと、差別との関係について、考えてみよう。

⊙ 差別は「する・しない」（個人の行動）という
とらえ方

　右の図式では、差別をする人とされる人の
問題ととらえてしまっている。多くの人は
"ふつう"に安住して、結果として差別を支え
てしまっている。

　⇒ 現実には、「差別と関係のない立ち位置」
はない。

図6-2　差別は「する・しない」というとらえ方

⊙ 差別は「ある」（社会の現実）というとらえ方

　私たちは、誰もが（①　　　　　　　　　）
の一員である。

　……決して心地よいことではない。

　⇒ たとえ悪意がなく「いい人」であっても、
「自分は"ふつう"だから、差別とは関係ない」

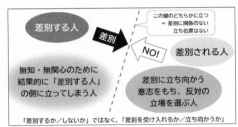

図6-3　差別は「ある」というとらえ方

という態度では、実質的に「差別のある社会」を受け入れ、認めることになってしまう。

　⇒（②　　　　　　　　　　　　）と（③　　　　　　　　　　　　）を知り、自覚する必
要がある。

（参考：栗本，2012）

🌀 ぐるぐるタイム！

　① 差別を「する・しない」ではなく、社会に「ある」ものとしてとらえることで、
気づいたこと・考えたことは何ですか？《回答欄７》

　② そのうえで、「自分が差別をしなければいい」で済ませずに、「社会にある差別を
なくす」ことをめざすとは、どういうことだと思いますか？　自分にはどんなことがで
きると思いますか？《回答欄８》

💬 ひとこと ‥‥‥‥‥‥‥‥‥‥‥‥‥‥‥‥‥‥‥‥‥‥‥‥‥‥‥‥‥‥‥‥‥‥

　「差別は、偏見のある人が悪意をもって誰かを傷つけること」、「だから、偏見をな
くそう」、「私は誰も傷つけないようにしよう」、そう思っていると、差別を指摘され
たときに、自分自身の人格やあり方を非難されたように感じてしまいます。けれど、
差別は「社会にある」のであり、私たちは社会の一員として、差別に向き合う責任が
あるのです。

　人権や差別を「差別をしてはいけない」、「傷つけてはいけない」という禁止のメッ
セージではなく、差別に立ち向かう、人権を尊重する、そして、すべての人が生きや
すい社会をつくる、というアプローチでとらえてみましょう。そのためには、社会の
構造をみていくことが不可欠です。

## 第7回　マジョリティ・マイノリティ

### テーマ

マジョリティ・マイノリティは、単に数の問題だけでなく、社会の力関係をふまえてとらえる必要があることを理解し、これからの学びにつながる視点を獲得しましょう。

### アクティビティ1 《なかまさがし》

**【手順】**

① 提示されたお題について、自分と共通する仲間を探してください。

（例：「誕生月」と言われたら、自分と同じ誕生月の仲間を探す）

② 仲間になったら、グループごとに集まって座ってください。

③ 新しいお題が提示されたら、これまでのグループを解消し、新たなグループを作ります。

・仲間が見つかったとき、どのような気持ちでしたか？

・仲間が見つからなかったとき、どのような気持ちでしたか？

・仲間を見つけるために、どのような工夫をしましたか？

### アクティビティ2 《多数派・少数派体験ゲーム》

**【手順】**

① 3人ずつのグループに分かれ、じゃんけんで勝った人から順に「1」・「2」・「3」の番号をつけます。

② 各グループから「1」の人だけが中央に集まって輪になり、プレイヤーとなります。

③ プレイヤーは「命令カード」を受け取り、カードに書かれている通りに行動します。受け取ったカードは、他のプレイヤーに見せません。プレイヤー以外の人は、プレイヤーたちの行動を静かに観察します。

④ プレイが終わったらカードを返却して静かにグループに戻り、次は「2」の人がプレイヤーとなります。同じ要領で、最後に「3」の人がプレイヤーとなります。

⑤ グループでふりかえりをし、ワークシートに書き込んでください。

**【ふりかえり】**

① 自分がプレイヤーとして参加したときの感想《回答欄1》

② 自分がプレイヤーを見ていたときの感想《回答欄2》

③「命令」について考えたこと《回答欄3》

ノート《マジョリティ / マイノリティとは》

　・人種・民族、性別、性指向、性自認、心身の状態、学歴、社会階級などの属性をみたとき、より権力をもっている側の集団に属している人たちを「マジョリティ性を多くもった人々」や「マジョリティ側」という。

（参考：出口，2021）

　・人数が多い側が権力をもっていることがほとんどだが、数だけの問題ではない。
　・マイノリティであったとしても、（その時、その場の社会的な関係性によっては）その属性に誇りをもっていたり、被抑圧を意識していなかったりすることもある。
　・1人のなかにマジョリティ性・マイノリティ性がある。ある人が固定的に「マジョリティ」・「マイノリティ」であるというわけではない。

## ⊙「中心－周辺」という構造からの脱却

　・社会は、（①　　　　　　　　　　　　　　　　　　　）中心に（マジョリティに都合が良いように）つくられている。
　・マジョリティが「中心（dominant ＝主流の、支配的な）」であるのに対して、マイノリティは「周辺（marginalized ＝取り残された、無視された）」と表せる。
　・マジョリティは、自分たちが中心にいると自覚しておらず、「ふつう」だと思っている。
⇒図 7-1（p.22）
　・マイノリティの存在に気づいたときに、マジョリティは「ふつう（中心）の仲間に入れてあげるよ！」と善意で言うが、それはきわめて危うい（下記①～④）。
　①「中心－周辺」という構造は変わらないまま、周辺の人たちをオプションとして付け加えているだけ。
　②「郷に入っては郷に従え」のような、（②　　　　　　　　　　）の強制にもなりかねない。
　③ 社会の構造や力関係に無自覚なままなので、マジョリティの気分次第で仲間に入れたり、仲間に入れるのを忘れて周辺化してしまったりしてマイノリティを翻弄することになる可能性が高い。
　④ パターナリズムに陥る危険もある。パターナリズムとは、「本人の意志にかかわらず、本人の利益のために、本人に代わって意思決定をすること」。背景には、マイノリティは自ら正しい判断をすることができないというマジョリティ側の認識がある。悪意からではなく、思いやりから発せられることが多いが、結果として弱い立場に置かれた人の主体性や権利を奪いかねない（参考：松波，2012）。

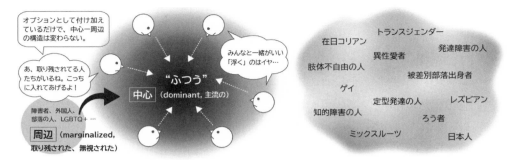

**図 7-1 "ふつう"が「中心−周辺」の構造をつくっている状態**　　**図 7-2 多様な人がいろんなところにいる状態**

・「中心−周辺」の構造を解体して、図 7-2 のように多様な人が社会のいろんなところにいて、それぞれのあり方が尊重される社会にシフトできるか？

　＝（③　　　　　　　　　　　　　　　　　　　　　　　　　）……SDGs の理念とも一致。

　⇒「ふつう」の人たちが今の（④　　　　　　　　　　　　　　）を自覚し、解体しようとすることができるか？　がポイント。

### ぐるぐるタイム！

　第 6 回のアクティビティの 状況 A〜C について、「ふつう」ということばが出てきたときに、その場にあなたが居合わせたとしたらどうすればよかったか、「中心−周辺」の構造の問題点をふまえて考えてみましょう。《回答欄 4》

### ⦿ これからの学びに向けて

・マイノリティの言動は、属性に結び付けられやすい傾向がある。

　……マジョリティの場合はその人個人の特徴としてとらえられやすいが、マイノリティの場合はその属性全体の印象になってしまいやすい。

　　例）男性が怒鳴ると、「あの人は怒りっぽい。」

　　　　女性が怒鳴ると、「女の人は感情的だ、ヒステリーだ。」

　　　　女性で冷静沈着な人がいると、「女性なのに感情的じゃないなんて珍しい。」

　⇒ 自分のもっている経験やイメージを過信せず、過剰に一般化していないかどうか再考する必要がある。

> ### 💬 ひとこと
> 　これまで人権について学ぶときには、「マイノリティについて理解しよう」というアプローチが多かったかもしれません。しかし、社会のあり方を変えるカギを握るのは、マジョリティです。マジョリティにとっての「ふつう」が、ときにマイノリティを抑圧します。そして多くの場合、そのことにマジョリティは気づいていません。
> 　声を上げ、権利を主張するマイノリティは、攻撃的に見えるかもしれません。しかし、数が少なく、周辺化されたマイノリティが、穏やかに要望を表明している間にマジョ

リティが耳を傾けなかったからこそ、大きな声にならざるをえなくなっているのです。

　自分の立場や経験だけから考えるのではなく、歴史的経緯や社会的背景、具体的な出来事やデータを知ることも大事です（詳しくはふらっと教育パートナーズ・伏見編, 2020 参照）。

　社会の構造は、意識的に見ようとしなければ見えてきません。そのための手がかりを、次回以降学んでいきましょう。

### 発展学習

以下のシートで「100 ます計算」をやってみましょう。

① 計算してみてどうでしたか？　右利きの人は、これで計算の力をつけなければならないとしたら、どうでしょうか。左利きの人は、これまで使用したことのある教材と比べてどうでしたか。《回答欄5》

② ふだんの私たちの社会は、「右利きの国」になっています。そのことで左利きの人には、日常的にさまざまな不便・不利益が生じています。たとえば他にはどのようなことがあると思いますか？　《回答欄6》

| 33 | 29 | 65 | 13 | 84 | 58 | 6 | 4 | 97 | 72 | + |
|---|---|---|---|---|---|---|---|---|---|---|
|  |  |  |  |  |  |  |  |  |  | 65 |
|  |  |  |  |  |  |  |  |  |  | 13 |
|  |  |  |  |  |  |  |  |  |  | 72 |
|  |  |  |  |  |  |  |  |  |  | 58 |
|  |  |  |  |  |  |  |  |  |  | 84 |
|  |  |  |  |  |  |  |  |  |  | 33 |
|  |  |  |  |  |  |  |  |  |  | 97 |
|  |  |  |  |  |  |  |  |  |  | 29 |
|  |  |  |  |  |  |  |  |  |  | 6 |
|  |  |  |  |  |  |  |  |  |  | 41 |

# 第 8 回　特権とは

## テーマ

前回取り上げたマジョリティ / マイノリティの関係性をふまえ、社会の構造をマジョリティに焦点をあててみていきながら、自分の立ち位置をふりかえってみましょう。

## アクティビティ《運命のシュート》

全員が、自分の席から同じゴールに向かって同じ枚数の紙を投げ、紙がゴールに入った人には、授業の評価点をプラスする、というゲームをします。あなたなら、どう感じますか？《回答欄 1》

後ろの席の人が（①　　　　　　　　　　　）。
⇒ 前の席の人に（②　　　　　　　　　　）がある。
※日常的に使う「特権」とは意味が異なることに注意！

## ノート 1 《特権（Privilege）とは？》

③

> "As a white person, I realized I had been taught about racism as something which puts others at a disadvantage, but had been taught not to see one of its corollary aspects, white privilege, which puts me at an advantage." (McIntosh, 1989)
>
> （邦訳）「白人であるわたしは、人種差別というものは他人を不利な立場にするということは教えられてきたが、その裏返しである自分を有利な立場にするということについては教わらなかった。」（マッキントッシュ, 1989）

◉ 特権の例

・車いすを使用している障害者は、移動の自由が制限されている場所がまだまだ多い。健常者には、自由に移動できるという特権がある。

・同性愛がからかいの対象となったり、おもしろおかしく扱われたりする場面は身の回りにしばしばあるので、同性愛者は自分の性的指向を意識せざるをえない。異性愛者には、自分の性的指向を自然であたりまえのこととして、特別に意識しないでいられる特権がある。

・少なくとも今の日本社会では、結婚に際して女性は姓を変えることにともなう手続きなどの負担か、姓を変えないでいるのはなぜかと尋ねられる負担がある。男性には、結婚に際して姓についてわずらわされることはない、という特権がある。

・被差別部落出身者は、親しくなった相手に、自分の出自を知らせるかどうか、知らせないと出自を隠していると思われないか、知られたら関係がどう変化するか、といったことを考える。さらに、そうしたことを考えるのは神経質すぎる、と言われることもある。被差別部落出身でない人には、そうしたことを煩悶（はんもん）せずにいられる特権がある（栗本, 2012）。

> マジョリティとは、気付かずにいられる人 / 気にしないでいられる人。この言葉が浮かんだのは、講義中に大学生の質問に答えるなかででした。僕と上原さんで書いた『ふれる社会学』第15章では「気づかず・知らず・みずからは傷つかずにすませられること」は、マジョリティのもつ特権だと書きました。（中略）マイノリティは「気にしすぎ」と言われることもまた多いのですが、それこそ「気にしすぎ」にさせてる社会の仕組みこそ、そしてマジョリティの特権性それ自体を問う必要があるように思います。（ケイン, 2019）

マジョリティには、（④ 　　　　　　　　　　　　　　　　　　　　　　　）がある。

（⑤ 　　　　　　　　　　　　　　　　　　　　　　　）は、権力をもつ側の考え方を熟知せずには生きられない。

（⑥ 　　　　　　　　　　　　　　　　　　　）は、自分の下にいる人間について知ろうとしない。また、自分が強者としての地位につくことができている構造について知ろうとしない。

 ## ノート2 《わたしのなかの社会、社会のなかのわたし》

### ⊙ 特権のリスト

特権に関する以下の項目について、当てはまるものはいくつあるだろうか（自分のなかで数える。他の人に明かす必要はない）。

> 1．やりたいと思った習い事や塾に通わせてもらえた。
> 2．両想いになりさえすれば、自分で選んだ人と自由に恋愛することができる。
> 3．アンケートなどの性別欄に迷うことなく回答できる。
> 4．家族の世話や家事を自分がしなくても何とかなる（やるとしてもお手伝い程度）。
> 5．他者からの信用を得るために、話し方や特徴を変えようとしたことはない。

6．自分が住んでる場所を伝えたら、相手の態度が変わるかもしれないと不安に思うことはない。

7．成長する過程で、自分の服装や持ち物について人前で恥ずかしい思いをしたことがない。

8．教科書で「わが国」や「私たち日本国民」という表現を見ても違和感がない。

9．保護者とのコミュニケーションに、言語的な壁を感じることはない。

10．将来、家を借りるときに、予算さえクリアすれば、自分の選んだところに住めると思う。

11．やりたいバイトの募集条件に「心身ともに健康であること」という項目があっても、気にならない。

12．友だちを自宅に招待することができる。

13．「みんなと同じようにしなさい」とか「空気を読め」と何度も言われたことはない。または、無理しなくてもそのようにできる。

14．夜遅くに「気をつけて帰ってね」と言われたら、交通事故や電車の乗り間違い以外に気をつけることが特に思い浮かばない。

15．初詣・クリスマスなどの行事や、教会や寺社へ観光に行くことに抵抗がない。

16．育った家に、50 冊以上の本があった。

17．用意された教材や設備を、そのまま問題なく使用することができる。

18．ゴールデンウィークや夏休み、年末年始に家族で旅行したことがある。

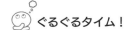 ぐるぐるタイム！

「特権のリスト」に関連して、以下の点について考えてみましょう。《回答欄 2》

① あなた自身の社会での立ち位置について、どのように感じましたか？

② このリスト以外に、あなたのマジョリティ性にかかわる特権には、どのようなものがありますか？

③「特権」の概念について、どのように思いましたか？

◉ アメリカの大学の「特権を自覚しよう」キャンペーン

（訳）特権に気づくことは、重荷や罪悪感の源ではなく、より公正で包摂的な世界に向けて取り組むために、学び、責任をもつ機会だとみなされるべきである。

(University of San Francisco, 2014)

図 8-1

いまわたしたちが暮らしているこの社会は偏っている。その偏りは、この社会がマジョリティに合わせて作られていることによって生じているのであり、マイノリティが経験する不利や不便さ、生きづらさの原因になっている。（中略）すでに自分たちの都合に合わせた社会が出来上がっていることでマジョリティが直面せずに済んでいる問題、すなわちマイノリティのみが直面しがちな問題は「個人的」な問題とみなされやすい（後略）（飯野・星加・西倉, 2022, 3）

### 💬 ひとこと

「特権」について学ぶことに戸惑いを覚える人は多いようです。

アメリカの心理学者・ヘルムズの「白人の人種的アイデンティティ発達理論」によれば、無自覚だったマジョリティが特権を学ぶと、罪悪感を抱くようになります。マイノリティを避けてしまうようになる人もいます。そこから、迷いや不安がありつつもマイノリティのことを知ろうと踏み出し、学びをすすめることによって、自分を見つめなおす段階へ、さらに抑圧のない社会を実現するために自主的に行動する段階へと進む、と説明されています。

そのとき、必要なのはともに学ぶ仲間の存在です。

さらに、1人の人のなかにも、マジョリティ性とマイノリティ性とが混在している場合があります。その場合、マジョリティ性の特権から学びを深めるだけでなく、自分自身のマイノリティ性のケアも重要です。

ここまで学んだことについて、ぜひ身近な人と意見を交わしながら、自分のマイノリティ性・マジョリティ性についてじっくりふりかえってみてください。

### 🧱 発展学習

マジョリティは、社会を公正にしていくために自らの「特権」を効果的に使うこともできます。

ノート1（p.24）の文章で紹介したペギー・マッキントッシュ（Peggy MacIntosh, 1934-）さんは、自分の特権に関するエッセイの掲載を依頼されたときに、非白人の筆者に特権をもっていないことを語る文章を書いてもらって載せるように提案したそうです。自分の特権を使って、マイノリティが発信する機会をつくろうとしたわけです。

日本でも、シンポジウムなどの登壇者が男性のみであるときに、男性である自分は辞退し、女性の登壇者に依頼するよう提案する人が出てきています。

あなた自身は、自分がもっている特権を使ってどのようなことができるでしょうか。あるいは、特権をもっている人にどんなことをしてほしいですか。具体的に考えてみましょう。《回答欄3》

# 第**9**回 みんな同じ＝平等？

## テーマ

「平等」についてさまざまな角度から検討し、人権尊重のためには何が大切なのかを考えてみましょう。

## アクティビティ1《平等とは？》

① あんぱんが5つあります。AさんとBさんに「平等」に分けるにはどうしますか？

② あんぱんが5つあります。Aさんに1つ、Bさんに4つ分けました。AさんもBさんも納得しています。

どんな理由が考えられますか？（あんぱんは、同じものです！）

③ あんぱんが5つあります。AさんとBさんにきっちり2個半ずつ分けました。が、Aさんが納得しません。どんな理由が考えられますか？

## アクティビティ2《これって「アリ」？「ナシ」？》

【手順】

① グループごとに配布された事例カード（右ページと同じもの）を切り分けます。

② 模造紙を4つに折り、右図と同じように線を引きます。

③ それぞれの事例カードを、模造紙（座標軸）のどのあたりに置くかを話し合います。

④ すべての事例カードの位置について、全員の合意形成ができたら、模造紙に貼り付けます。

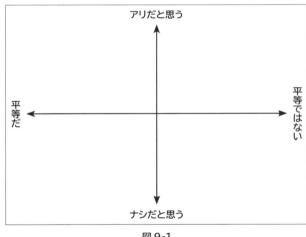

図9-1

⑤ 指定された資料を読み、位置を変える必要があると思ったカードがあれば、どの位置からどの位置に変えたのかわかるように、矢印で示してください。

⑥ どこに貼るかを悩んだもの、資料を読んで貼る位置を変えたものを中心に、簡潔に発表してください。《回答欄1・2》

**【事例カード】**

| | | |
|---|---|---|
| A．鉄道会社がラッシュ時に、原則として女性だけが乗車できる女性専用車両を導入している。 | B．居酒屋の飲み放題のコースで、男性に比べて女性の方が安い料金設定になっている。 | C．女性社員が2割の会社で、女性活用推進室を設置し、5割をめざして女性を優先的に採用する。 |
| D．シングルマザーのみを対象とした、就労支援のためのパソコンセミナーを無料で開催する。 | E．ある映画館では、毎週水曜日がレディースデイで、女性は1200円で映画が観られる。 | F．長距離特急の指定席の車両の一部に、女性だけが利用できる女性専用席を設置する。 |
| G．視覚障害の受験生の試験時間を、他の受験生の1.5倍とする。 | H．ある遊園地では、身体障害者手帳を持っている人は待ち時間なしでアトラクションに乗れる。 | I．ある大学では、建学の理念にもとづき、キリスト教を信仰する学生に対する特別推薦入学選考がある。 |
| J．ある大学では、建学の理念にもとづき、被差別部落出身の学生に対する特別推薦入学選考がある。 | K．所得にかかわらず、消費税は10%である。 | L．所得が400万円だと所得税は20%だが、4000万円だと45%である。 |
| M．東京13区（有権者約48万人）も、鳥取1区（有権者約23万人）も、1人の議員が選出される。 | N．コンビニのおにぎりは、全国どの店舗で買っても同じ値段である。 | O．最低賃金は、東京1072円、青森・宮崎853円（2022年10月〜）など、地域によって違う。 |
| P．FIFAワールドカップの賞金総額は、男子4億4000万ドル（2022年）、女子6000万ドル（2023年）である。 | Q．小学校で、特定の子どもだけ、タブレットを持ちこみ使用している。 | R．LCC（格安航空会社）の運賃は、2歳からおとなと同じ料金である。 |

---

 ノート《平等とは？》

単に「同じ」にするだけでは、平等とは言えない！

　　　　　　　　　⇑

社会的におかれている状況のちがい（格差）を無視して単純に同じに扱うことは、

（①　　　　　　　　　　　　　　　　　　　　　　　　　　　　　）ことになる。

適切な配慮・介入によって、より平等な状態は実現される。

・本当の意味で平等になっているかをチェックする３つのポイント

```
②



```

（森，2010）

しかし！

　経緯や背景を見ずに、配慮・介入だけに注目し、「特別扱い」「優遇」と心情的な反発がおきることも……。

　　　⇒　違う扱いとなっている（③　　　　　　　　　）を知ろうとすることが必要。

 **ぐるぐるタイム！**

　① 今回カードにあげられた事例以外で、「より平等な状態を実現するために、特定の集団に対して、他の集団とは違う扱いをすることが必要だ」という事例をあげてみましょう。《回答欄３》

　② 今回カードにあげられた事例以外で、「今は、ある集団が他の集団と同じ扱いになっているけれど、それでは本当の意味での平等とはいえない」という事例をあげてみましょう。《回答欄４》

◉ **特別措置とは？**

・被差別集団に集中的に不利益状況が生じていることに対し、不利益を緩和し、さまざまな方法で、結果の平等を実現するために、特段の手だてをとることを（④　　　　　　　　　　　　　　　）という。

> 世界的に見ると、「機会の平等」を踏まえつつ、「結果の平等」とそれを推進するための特別措置やユニバーサルデザイン的な発想が重視されるようになっていると言えます。（p.6）
> 問題は、ユニバーサルデザインのような発想を制度や社会のすべてに行き渡らせるのは難しいという点です。だから、すべての人が使いやすいユニバーサルデザインのような発想や制度は、特定の人に手厚くする特別措置と、場面や領域に応じて使い分けられ、併用されています。（p.6）
>
> （森，2010）

⊙ みんなが満足できる "平等" な解決は？

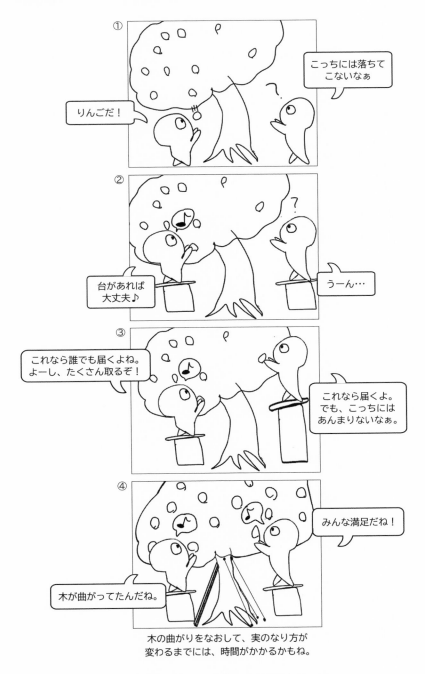

↑あなたなら、どんなセリフを書きますか？

何度も繰り返しますが、平等について考えるときにも、社会の構造全体から見ていきましょう。「マイノリティの方が特別扱いされたり優遇されたりしてない？」と感じるときには、きっと何らかの経緯や背景があるはずです。

1つの施策で平等が実現するわけではありません。社会の現実は複雑で、さまざまな施策を組み合わせ、より平等な状態をめざす努力が重ねられています。

どんな角度からの平等（同じ）をめざしているのか。どんな実態があるのか。結果はどうなっているのか。どのような過程（プロセス）で決定されたのか。施策が適切かどうかを判断するときに検討すべき点は数多くあります。それがトータルとしてバランスがとれ、すべての人が尊重された社会こそ、「公正な社会」といえるのではないでしょうか。

### 発展学習

アクティビティの事例の1つであった女性専用車両は、直接的には電車内で女性が性暴力被害を回避するための暫定的な措置であり、唯一の方策ではありません。本来の目標は、誰もが安心・安全に公共交通機関を利用できるようになることであり、女性専用車両はその目標を達成するための1つの取り組みです。では、電車等での性暴力被害をなくすために、さらに付け加えるべき他の案、より良い代替案、さらに鉄道会社だけでなく社会全体で取り組むべきことなどを、具体的に考えてください。《回答欄5》

# 第10回　対立は悪くない

## テーマ

　普段の人間関係でも、人権課題に向き合うときにも、対立を避けることはできません。対立に肯定的に向き合い、扱い方の基本について学びましょう。

## アクティビティ1 《対立ってどんなイメージ？》

　「対立」ときいて、どんなことを連想しますか？　グループで連想図を描いてみましょう。

【手順】

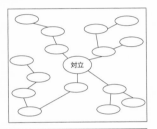

　真ん中に書いたキーワードから思い浮かぶこと、連想することをつなげて書いていく。

　別の枝から展開したものも、関連するものはつないでいく。

　やってみて気づいたこと・発見したことを、《回答欄1》に記入しましょう。

```
                    ┌─────────┐
                    │   対立   │
                    └─────────┘
```

図 10-1

**アクティビティ２ 《怒りの温度計》**

「対立」の場面では、感情が大きくゆさぶられることがあります。なかでも扱いが難しいのが「怒り」の感情です。

下記にある言葉を、「怒り」の度合いを温度にたとえて、弱い（低い）ものから強い（高い）ものへと順序をつけてみてください。

※ほかにも「怒り」を表す言葉があれば、追加してみよう。

| | | |
|---|---|---|
| 怒る | イライラする | モヤっとする |
| いきどおる | ムカつく | 腹が立つ |
| 激怒する | 頭にくる | 無力感 |
| ブチギレる | カチンとくる | 気にさわる |
| | | |

 **ノート１ 《対立と怒りにどう向き合うか》**

◉ **感情の取り扱い**

・感情に「良い・悪い」はない。

⇒ 大切なのは、（①　　　　　　　　　　　　　　　　　　　　　　　　　　　）こと。

・怒りの感情は、大きなエネルギーがあるため、扱うのが難しくなりがち。

⇒ 自分や相手の怒りが爆発して、嫌な思いをすることも。

⇒ 怒りを否定的にとらえ、自分のなかに生じている怒りの感情を無視・抑圧しやすい。

・感情を一時的におさえることはできても、適切に扱われなかった感情は自分のなかに残り、蓄積して、思いがけない形で自分や他者を傷つけてしまうこともある。

◉ **感情を表現し、行動するためのステップ**

① 自分の中に生じている（②　　　　　　　　　　　）に注意を向け意識化する。

② 感情や気持ちに（③　　　　　　　　　）をつけ、明確化する。

③ 感情の原因・背景についてふりかえり、自分の感情に責任をもつ。

④ 感情をおさえず、（④　　　　　　　　　　　　　　　）にうけいれる。

⑤ 感情をどう（⑤　　　　　　　　）するか、どう（⑥　　　　　　　　　）するかを考える。

◉ **「怒り」をエスカレートさせず、落ち着かせるために**

・自分の怒りの（⑦　　　　　　　　）をキャッチする。

身体の反応（ドキドキする、呼吸が浅くなるなど）を知り、自分が怒っていることを認める。

・（⑧　　　　　　　　　　　）からのアプローチ　※心と身体はつながっている！

ゆっくり深呼吸をする、力の入っているところをほぐすなど、リラックスさせる。

・怒りから（⑨　　　　　　　　　　　　　　　　　）。

100 から数字を逆に数える、好きな景色や音楽を思い浮かべるなど、他のことを考える。

・自分に（⑩　　　　　　　　　　　　　　　　　）。

「自分を落ち着かせることができる」、「怒りの感情にふりまわされてない」など。

<table>
<tr><td>
おこりんぼうさんの約束<br>
おこってもいいよ。でも、<br>
・誰かを傷つけないでね。<br>
・自分のことを傷つけないでね。<br>
・物をこわさないでね。<br>
どうしておこっているのか、話そうよ。<br>
（パドニー＆ホワイトハウス，2006，7）
</td><td>
あなたの怒りは、人を傷つけるためにあるのではなく、あなたを守るためにある。<br>
そして覚えておいて。<br>
あなたの怒りは、あなた自身を、そして世界を、よりよいものに変える可能性を持っている。<br>
（パルマー，1998，38）
</td></tr>
</table>

## 💬 アクティビティ３ 《対立は激化する》

状況１・２ で対立を激化させているものは何でしょう？

状況１ 買い物なんて、もう行かない！

AとBの2人は、一緒に買い物に行くことを予定していましたが……。

A：さぁ、行こうか。

B：……やっぱり、行くん？

A：どういうこと？　前から行こうって決めてたし、一緒に行きたいって言ってたんちゃうん？

B：めっちゃ行きたそうやったからさ。いっつも買い物行きたい、って話ばっかりしてたやん。

A：約束してても、いっつも、ドタキャンするよな。信じられへんわ。

B：そっちこそ、自分の話ばっかりして、こっちの話なんか全然きいてへんやんか。

A：ひとりで行くから、もうええわ。

B：そうしたら？　いってらっしゃい。

状況２ 1000 円返して！

Aは先週、Bに 1000 円貸しました……。

A：先週貸した 1000 円、覚えてるやんな。返してほしいねんけど。

B：あ、うん。また持ってくるわ。

A：いま、返してほしいねんけど。

B：いまは持ってへんわ。

A：借りたもんは、ちゃんと返して一や。

B：今日、返してって言ってへんかったやんか。いまは持ってへんねんって。

A：こっちがそのうち忘れたらいいと思ってるんちゃう？

B：どろぼう呼ばわりする気？

Ａ：とにかく、今日の帰りまでには返してな。じゃないと、どうなっても知らんで。

　　Ｂ：知らんで、って、いったいどういう意味!?

　　Ａ：今日中、って、言ったからね！

### ⊙ 対立を激化させるもの

　・圧倒する……相手を「ひき殺し」でもしそうなくらいに、非難し、大声をあげののしり、罵倒し、おどし、あざけるなどの攻撃的行動に出る。

　・過去のむし返し……今の対立とは無関係な過去の失敗や過ちを持ち出す。そうすると人は目の前の問題に集中できなくなる。

　・過剰な一般化……特定せず、「いつも」とか、「絶対」とか、「毎回」などという一般的な表現を使う。このような一般化した表現は、「あなたは」で始まることが多い。

　・やりかえす……問題そのものを解決しようとする代わりに、相手の性格を責める。相手の考えを聞かずに、言い返すための不平・不満を考えていることもある。

　・矮小化……とるに足らないという態度をとる。相手の話を聴こうともしないし、問題を解決しようともしない。「たいしたことないのに、なんでそんなに気にするの？」

　・決め付け……「あなたはいつもそうなんだから」「わかってないね」

　・無視……「わたしには関係ない」

　・突き放し……「放っておいてよ」「あなたには関係ないでしょ」

 ぐるぐるタイム！

　　上記の「対立を激化させるもの」のなかで、あなたが経験したことのあるもの（やった側・やられた側）はどれですか？《回答欄２》

 ### ノート２ 《対立の取り扱い》

### ⊙ ６つの対立の扱い方

　① 攻撃する……つかみあいのケンカをする、叫ぶ、相手の人に嫌な思いをさせる。

　② 協働する……一緒に問題を解決する、話し合う、両方が気に入る解決方法を見つける。

　③ 妥協する……みんな少しずつ我慢する、誰も欲しいものをすべては手に入れられない。

　④ あきらめる……相手に好き勝手にさせる、気にしない、相手がすべての力をもっている。

　⑤ 逃避・後回し……不都合は何もないようにふるまう、逃げる、相手に近づかない。

　⑥ 権威に訴える……誰か権威のある人に決めてもらうか、対立をおさめてもらう。

　⇒ ６つの対立の扱い方について、分析してみましょう。《回答欄３》

⊙ 対立の結末　4つのパターン

|  | Bの思うようになる | Bの思うようにならない |
|---|---|---|
| Aの思うようになる | ウィン・ウィン<br>Win-Win<br>AもBも求めるものを得る | ウィン・ルーズ<br>Win-Lose<br>Aは求めるものを得るが、<br>Bは得られない |
| Aの思うようにならない | ルーズ・ウィン<br>Lose-Win<br>Bは求めるものを得るが、<br>Aは得られない | ルーズ・ルーズ<br>Lose-Lose<br>2人とも求めるものを<br>得られない |

ぐるぐるタイム！

対立の扱い方や結末について、どんな経験がありますか？《回答欄4》

### ひとこと

1人ひとりが多様な存在であり、違った価値観をもっているということは、対立が起こるということです。感情に「良い・悪い」はないのと同じように、対立もそれ自体が悪いことではありません。対立の扱い方がポイントなのです。

人権の歴史は、差別への異議申し立ての歴史でもあります。「女性に選挙権はなくていい」、「子どもの意見は未熟だから聞く必要はない」、「少数派は多数派のルールに従うべき」といった考え方が、“あたりまえ”とされてきた時代がありました。そのような考え方にNOと声をあげる人、その声を聞こうとする人が、対立に向き合い新たな価値観をつくり出すことで、人権は進化／深化してきたのです。

**発展学習**

① あなたがこれまで経験した対立について、《回答欄5》の項目に沿って整理し、今回の学習内容をふまえて記述してみましょう。

② 2匹のウサギがおいしそうな草を見つけて食べようとしています。

右のイラストにセリフをつけてみましょう。

また、この絵から学べることは何でしょうか？《回答欄6》

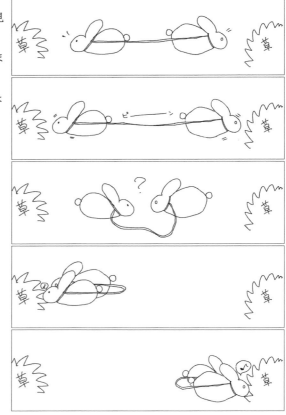

③ 前ページの「ひとこと」を参考に、人権に関連して、社会を変えた「対立」の事例について調べてみましょう。《回答欄7》

# 第11回　「わたし」と「あなた」を尊重する

## テーマ

　　自分と他者の適切な距離感を指す「境界線」の考え方を知り、自分も相手も尊重するコミュニケーションのスキルを身につけましょう。

## アクティビティ1 《「イヤなこと」について》

### ⊙ わたしの「イヤなこと」

・当てはまるものの番号に、○をつけてみましょう。

① Ａさんがわたしの貸した本をＢさんに又貸ししていた。

② 仲良しグループで海に行く約束をしていたのに、わたしの知らない間にプールに行くことに変更されていた。

③ Ｃさんがわたしのタオルを勝手に使った。

④ 妹が無断でわたしのお気に入りのＴシャツを着て遊びに行った。

⑤ 夏休みの最後の日に、全然宿題をしていないＤさんから「宿題をみせて」と電話がかかってきた。

⑥ 人前で話すのが得意ではないのに、学級委員長に選ばれてしまった。

⑦ Ｅさんと映画に行く約束をして待ち合わせていたら、わたしの知らないＦさんを連れてきた。

### ぐるぐるタイム！

　　① どんなとき、誰に対して「イヤ」と言えないことがありますか？《回答欄1》

　　②「イヤ」と言えなかったあと、どう感じてどうしましたか？《回答欄2》

　　③ そのとき、どうしたらよかったと思いますか？《回答欄3》

## ノート1 《つながりあうために～境界〈線〉を考えよう》

### ⊙ 境界線 ( バウンダリー ) とは？

お互いが安全で心地よく過ごせるよう、

（①　　　　　　　　　　　　　　　　　　　　　　　　　）のこと。

⇒ 何となく居心地悪いと感じるときは、相手との境界線について意識してみよう。

⊙ 人間関係の距離と「境界」（『季刊ビイ・87』2007）

① 身体の境界……………… どこまで自分に接近することを許すか、身体の接触はどこまで
　（パーソナルスペース）　　OK か（握手してもいい・ハグしてもいい・腕を組んでもいい、など）。

② 時間と空間の境界……… どこまで相手に時間を割くか（10 分なら話を聞く）。
　　　　　　　　　　　　　　どんな空間には立ち入られたくないか（散らかっているので玄
　　　　　　　　　　　　　　関先で）。

③ 責任の境界……………… どこまで自分の責任として引き受けるか（その仕事は負担が重
　　　　　　　　　　　　　　いので来週まで考えたい・あなたがどうするかはあなたが決めて）。

④ 尊厳の境界……………… 私の「人としての価値」を、他の人が決めつけることはできな
　　　　　　　　　　　　　　い。私には他人には侵せない尊厳と価値がある。

⑤ 感情の境界……………… 私の感情は私のもの。誰かに「こう感じるべき」と指示される
　　　　　　　　　　　　　　ようなものではない。どう感じるかは私の自由。

⑥ 持ち物・金銭の境界…… 私の持ち物やお金を許可なく他人が使うことはできない。その
　　　　　　　　　　　　　　使い道は私が決めることで、他人に指図されない。

⑦ 性的な境界……………… 私の性は私のもの。他人の道具にされたりしない。誰といつ、
　　　　　　　　　　　　　　どこで、どこまでの性的な関係をもっていいかは、私が決める。

⑧ 思考・価値観の境界…… 私の考えは私のもの。何を感じ、何を優先するかは、自分が選
　　　　　　　　　　　　　　ぶ。価値観を強制されたり、考え方を否定されたりしない。

　※ 境界線は、時と場合で状態が変わるもの。
　※ 境界線を壊すものが「暴力」（身体的なものだけでない広い意味で）。


⊙ **境界が適切に保たれているかを振り返る**

　・自分の感情をいつわったり、隠したりしていませんか？
　・相手の感情に無理に合わせていませんか？
　・こう感じるべきだ、とか、こう感じてはいけない、と、自分を責めていませんか？
　・疲れたら休んでいますか？
　・自分の安心できる場所や休める場所がありますか？
　・何もかも自分でやらなくてはならないと思っていませんか？
　・自分で抱えきれない責任について、誰かに相談できますか？
　・相手がやっていることについて、口を出しすぎていませんか？
　・時間をどう使うかを、自分で決めていますか？
　・性的なかかわりについて、自分の意思・相手の意思を確認していますか？
　⇒ これらの中に気になるものはありますか？
　　答えにくい項目、気になる項目は、あなたにとって、あいまいになりやすい境界かも
　しれません。

（参考：水澤，2007）

境界線については、

　「境界線ってなに？……自分も相手も守る透明バリア」（性暴力被害者支援センター・ふくおか，NPO 法人ぷるすあるは制作，2019）も参照。

---

### 📝 ノート2 《アサーションでいこう！》

#### ⊙ アサーション（Assertion）とは？

> ②
>

⇔（③　　　　　　　　　）：自分を主張し、相手を無視・否定する。
⇔（④　　　　　　　　　）：相手を尊重しすぎ、自分のことを後回しにする。
※アサーションは、自分と相手の境界線を尊重したコミュニケーションでもある。

・Ⅰメッセージ
自分の気持ちに焦点を合わせて、正直に思いを伝える言い方。

・YOUメッセージ
相手に焦点を合わせて、相手のことを言う言い方。

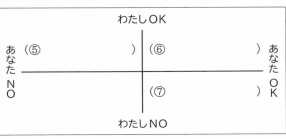

図11-1

#### ⊙ Ⅰメッセージ（「わたし」メッセージ）のくみたてかた

1.（⑧　　　　　　　　　）　自分が対応しようとする状況や相手の行動をつかみ、言葉にする。客観的に、具体的に、特定のことがらを描写する。言動の事実であって、相手の動機や意図、態度ではない。
　　　　　　　　　　　　　　※感情に良い、悪いはない。事実と感情を分ける。

2.（⑨　　　　　　　　　）　状況や行動に対する自分の気持ちをつかみ、表現する。あれば、相手の気持ちへの共感・理解を表明する。その事実に対する自分の感情や気持ちを、冷静に、建設的に、明確に述べる。

3.（⑩　　　　　　　　　）　自分が相手に望む行動、妥協案、解決策などを提案する。具体的で、現実的な、小さな行動変容を、明確に提案する。

4.（⑪　　　　　　　　　）肯定的、否定的な結果のどちらにも対応できるように予測を立て、必要なら伝える。脅すことが目的ではない。どう対応するかの選択肢を考え、示しておく。

[第10回の 状況1 で、アサーティブに表現するとしたら]

「先週、一緒に買い物に行くことを約束したよね。言いにくいけど、今日はちょっと気分がのらなくて、パスしたいと思ってる。次の週末に日程を変えるか、今回は誰かほかの人と行ってほしい。今度からは、もっと早めに伝えるようにするね。」

※ 状況2 の場合はどうなるか考えてみましょう。《回答欄4》

## アクティビティ2 《アサーション状況シート》

以下の状況について、A〜Cの受け答えは、アサーション・攻撃・受身のどれだと思いますか？　A〜C以外に、あなたなら、どのように対応するかも考えて書いてみましょう。

※「正解」はありません！

状況1 《回答欄5》

カフェでアイスコーヒーを注文したのに、ホットコーヒーが出てきました。あなたは：

| | |
|---|---|
| A.（一緒にいる友達に向かって）「あれ？　アイスって言ったやんな？」 | |
| B.（黙ってそのまま飲む） | |
| C.「アイスコーヒーを注文したと思うんですけど。変えてもらえますか？」 | |
| | |

状況2 《回答欄6》

昨日はAさんに遊びに行こうと誘われたのですが、宿題に時間がかかりそうだったので断りました。今朝、学校に着くと、あなたを見つけたAさんが、「おはよう〜。宿題、できてなくて、ヤバいねん。見せてくれへん？」と言ってきました。あなたは：

| | |
|---|---|
| A.「いいよ」と言って、ノートを渡す。 | |
| B.「自分が遊んでてできひんかったのに、なんで見せなアカンねん？!」 | |
| C.「えー、いちおうやったけど、微妙やし……」と、相手の出方をみる。 | |
| | |

状況3 《回答欄7》

友達づきあいのことについて、保護者がいろいろと聞いてきます。どうやら、最近仲良くしているBさんについて、あまりよく思っていないようです。今度の休みにBさんと遊びに行く、と保護者に言ったら、非難するような口調で「またBさんと？」と言われました。あなたは：

| | |
|---|---|
| A.「どんな友達とつきあうかは、わたしの勝手やん。ほっといてよ！」 | |

| | |
|---|---|
| B．「そんなふうに言われたらイヤやなぁ。Bさん、おもしろいし、いい子やで」 | |
| C．「……行ったらあかん？　ほかの子とやったら、いいかな……？」 | |
| | |

　できれば、声に出して読んでみましょう。

　言葉だけでなく表情や声の調子、言い方などにも「受身的」「攻撃的」「アサーション」があります。

 ## ノート3 《こころの基本的人権》（全10条）

| 第1条 | **自分自身である権利……人とちがっている権利**<br>人は"その人である"だけで価値がある。人とちがっていてもいい。<br>人と「ちがっている」ことは「まちがい」ではない。 |
|---|---|
| 第2条 | **自分を表現する権利**<br>自分の能力を発揮したり、人に認められたりしてもよい。<br>他の人がそうしないからといって、がまんしたり、遠慮したりしなくていい。 |
| 第3条 | **気持ちや決めたことを変える権利**<br>時間や状況が変われば、考えや気持ちも変わることがある。成長するということは、変化をともなう。 |
| 第4条 | **ありのままの感情を感じとる権利**<br>感情に「正しいか、まちがいか」「いいか、わるいか」はない。説明したり、理由をつけたりせずに、ありのままの気持ちを感じていい。 |
| 第5条 | **不完全である権利**<br>人間に完全ということはない。できないことがあっても、失敗してもいい。<br>知らないこと、興味をもてないことがあってもいい。いつも完璧をめざさなくてもいい。最後までやりとげられなくてもいい。 |
| 第6条 | **NOを言う権利**<br>できないこと、やりたくないことを、いつもムリしてやらなくてもいい。 |
| 第7条 | **YESを言う権利**<br>欲しいものを欲しいといっていいし、やりたかったらチャレンジしてもいい。<br>誰かがOKがしてくれるのを待つ必要はない。 |

| 第8条 | すべてのことに責任をとらない権利 |
|---|---|
| | 自分に取れる責任と、そうでないものがある。 |
| | とってはいけない責任もあることを知ることも大切。 |

| 第9条 | まちがい・失敗をする権利&その責任をとる権利 |
|---|---|
| | まちがいや失敗があってもかまわない。その責任は、自分でとることができる。 |

| 第10条 | 選ぶ権利 |
|---|---|
| | 1〜9条までの権利は「使わなければならない」のではなく、使うかどうか |
| | を選ぶことができる。そのためにも、まずは使えるように身につけよう。 |

（聖マーガレット生涯教育研究所（SMILE），1999）

① いまのあなたにとって、どの権利がいちばん大切ですか？《回答欄8》

② 11条、12条を付け足すとしたら、どんな権利がよいでしょうか？《回答欄9》

（付け足した権利は、他の人ももつことになる、ということを前提に考えてください）

## 📝 ノート4 《アサーションの背景》

### ⦿ アサーションは、「人間関係をよくする方法」!?

・コミュニケーションは双方向 ⇒ 自分がアサーションを心がけたつもりでも、相手がどう受け止めるかは（⑫　　　　　　　　　　　　）。

・自分の気持ちを正直に伝えた結果、相手が離れていくこともありえる。自分の思うように相手をコントロールするテクニックや、人間関係のトラブルをうまく収める方法ではないことを知っておくことは大切。

### ⦿ 出発点は、「自分がどんな気持ちか、どうしたいか」

・「自分が感じていることは言わない方がいい」、「相手はこう感じているだろう」といった思い込みのために、かえってコミュニケーションが複雑になることがある。

・自分のことを表現できないと、不安や緊張が強くなり、不安や緊張があると自信をもつことができず、自信がないと自己表現ができない、という悪循環に陥る。

・自信をもって自己表現しよう、といっても、すぐに自信をもつのは難しい。アサーションは、（⑬　　　　　　　　　　）を身につけて自己表現をしてみることで、自信をもてる自分になる、という好循環をめざす取り組みでもある。

・アサーションは、差別・抑圧のために自分に自信をもつことが難しくなっている人たちが、自己表現を通して（⑭　　　　　　　　　　　　　　　）していくことにもつながった。

## ⦿ 権利主張の方法として広がってきたアサーション

・1970 年代、アメリカでは（⑮　　　　　　　　　　　　　　　　）や

　（⑯　　　　　　　　　　　　　　　　　）が広がり、大きく社会を動かした。

・アサーションにより、日常の人間関係ですぐに差別がなくなるわけではない。

・個別具体的な、差別・抑圧のある場面で、（⑰　　　　　　　　　　　　　　　　　　　）
していく必要があった。

・自分の思いをがまんして権利主張を諦める（受身的になる）のでもなく、相手への配慮なく自分の権利だけを主張する（攻撃的になる）のでもないコミュニケーションが、アサーション。

---

### 💬 ひとこと

「イヤなことをイヤと言う」。当たり前のようで、難しい場面も少なくありません。これまでに、「がまんしなきゃいけない」、「ワガママを言ってはいけない」と言われてきた人もいるでしょう。

けれど、いつもみんなと合わせていたり、力のある人の言うことに従ったりしている状態は、人権が尊重されているとはいえません。

No を言うことは、権利主張の出発点です。うまくいかないことや、間違えたり失敗したりすることもあるかもしれませんが、身近なところから練習してみてください。

一方で、お願いしたり、助けを求めたりすることも人権です。困ったときには、本当にどうしようもなくなる前に、誰かに伝えてみてください。

---

### 🧩 発展学習

人間関係（親子・友人・恋人など）でモヤモヤした状況には、境界線があいまいになっていたり、ふみこえたりしていることが多くあります。そうしたときに、まずお互いの境界線を自覚すること、そのうえで自分の気持ちや伝えたいことをアサーションで表現してみると、状況を整理することができます。

《回答欄 10》の項目に沿って、ふりかえってみましょう。

# 第12回　情報の取り扱い

 テーマ

　インターネット、特に SNS は、情報を受け取るだけではなく、気軽に発信や拡散もできるという意味で、これまでのメディアとは大きく異なる点があり、さまざまな問題も生じています。情報の取り扱いについて、具体例から考えを深め、人権とのかかわりについてみていきましょう。

## アクティビティ1 《SNS について思うこと》

　SNS について、いいなと思うこと、しんどいと思うことをあげてみましょう。《回答欄1》

## アクティビティ2 《"SNS はかたる"》

　SNS（Social Networking Service ＝ソーシャルネットワーキングサービス）で、こんな情報が流れてきたらどうしますか？

【A】地震発生！ とにかく情報が得たい状況で、検索したらこんな「速報」が写真付きで拡散されていた。

地震のせいで、動物園のハイエナが逃走してる！気をつけて！
# 地震速報 #○○県

【B】災害で避難する可能性が生じたため、情報を求めて SNS を見たら、こんな投稿を見つけた。

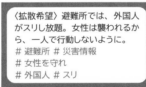

〈拡散希望〉避難所では、外国人がスリし放題。女性は襲われるから、一人で行動しないように。
# 避難所 # 災害情報
# 女性を守れ
# 外国人 # スリ

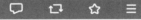

【C】何気なく SNS を開いたら、友人も拡散に協力していた。

【行方不明の娘の母です】娘が梅田で友達と遊ぶと言って、3日間帰ってきません！警察にも届けましたが、どうしても心配で、アカウント開設しました。娘の名前は伏見裕子、16歳、高2です。ショートカットで髪色は明るめ、身長 150cm。見かけた方はDM ください。【拡散お願いします。】

【D】限られた人しか見られない設定の友人アカウントで、こんな書き込みがあった。●●さんは、クラスメイト。

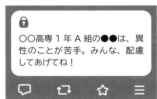

🔒

○○高専1年 A 組の●●は、異性のことが苦手。みんな、配慮してあげてね！

【E】クラスメイト同士の「会話」を目撃した。

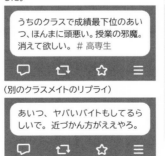

うちのクラスで成績最下位のあいつ、ほんまに頭悪い。授業の邪魔。消えて欲しい。# 高専生

（別のクラスメイトのリプライ）

あいつ、ヤバいバイトもしてるらしいで。近づかん方がええやろ。

【F】自分の"推し"の芸能人の投稿が流れてきた。

#○○法改正案に抗議します
私は、いま政府が検討している○○法の改正案に反対です。民主主義の根幹に関わる問題だからです。私は普段このような書き込みをしませんが、今回ばかりは、問題提起せずにはいられなくなりました。

① あなたが、プライベートな時間に 1 人でこれらの情報を見たとしたら、とっさにどう対処しますか？　A ～ F のうち、想像しやすいものから、具体的に書いてみましょう。SNS 上・対面のどちらでもかまいません。《回答欄 2》

② 落ち着いて考えてみたときに、A ～ E の情報のなかに、何か「落とし穴」はないでしょうか？　それはどんな「落とし穴」ですか？　《回答欄 3》

③ SNS の"気軽に発信も拡散もできる"という特徴を肯定的に生かした例として、思いつくものはありますか。F を参考に考えてみましょう。《回答欄 4》

## 📝 ノート 1 《インターネット上の情報をめぐるさまざまな功罪》

### ◉ ネット上の誹謗中傷

・「被害者は誰でもなりうるし、加害者は私たちとかけ離れた特別な人たちではない」。

（毎日新聞取材班，2020）

・（①　　　　　　　　　　　　）（刑法 231 条）

　　＝事実を摘示せずに公然と人を侮辱する犯罪

　⇒ インターネット上の誹謗中傷が社会問題となっていることを契機に、厳罰化（2022 年）

　※表現の自由を制約していないかを、施行から 3 年後に検証する。

・（②　　　　　　　　　　　　　　　　　　）（刑法 230 条）

　　＝公然と事実を摘示し、人の名誉を毀損する犯罪

　　※内容が真実であっても、罪に問われることがある。

・（③　　　　　　　　　　　　　　　　　　　）（ヘイトスピーチ解消推進法）

　　＝「本邦の域外にある国又は地域の出身であることを理由として、本邦外出身者を地域社会から排除することを煽動する不当な差別的言動をいう。」（第 2 条）

　※理念法なので、処罰を定めるものではない。

### ◉ フェイクニュース

・社会を混乱させる、利益誘導をするなどのために発信された、真実を装った虚偽の情報。

・SNS の急速な普及により、社会問題化。

・人工知能（AI）等の技術の発達により、文字情報だけではなく、画像や動画を含め、より巧妙なものが出回っている。

### ◉ 気をつけたい SNS の特徴

・（④　　　　　　　　　　　　　　　　　　　　　　　　　）

　＝「ソーシャルメディアを利用する際、自分と似た興味関心をもつユーザーをフォローする結果、意見を SNS で発信すると自分と似た意見が返ってくるという状況を、閉じた小部屋で音が反響する物理現象にたとえたもの」。

・（⑤　　　　　　　　　　　　　　　　　　　　　　　　　　　　　　）

　＝「アルゴリズムがネット利用者個人の検索履歴やクリック履歴を分析し学習することで、個々のユーザーにとっては望むと望まざるとにかかわらず見たい情報が優先的に表示され、利用者の観点に合わない情報からは隔離され、自身の考え方や価値観の「バブル（泡）」の中に孤立するという情報環境」のこと。　　　　　　　　　　　　　　　　（総務省，2019）

◉ SNS を用いた社会への働きかけ

　・大きな組織や資金がなくても、SNS を使って発信することで、人権の視点から見てポジティブな影響を社会に及ぼすことができる。具体的な例を調べてみよう。《回答欄5》

 ノート 2 《情報と人権》

◉ ネットとプライバシー

　・匿名性の功罪について、調べてみよう。《回答欄6》

　・（⑥　　　　　　　　　　　　　　　　　　　　）の変化

　　私生活をみだりに公開されない＝私生活の非公開・非干渉の権利

　　⇒ 個人情報を勝手に利用されない

　　＝（⑦　　　　　　　　　　　　　　　　　　　　　　　　　　　　　）

◉ カミングアウトとアウティング

　・日々のコミュニケーションのなかで、自分のアイデンティティについて話す必要が出てくる場合がある。

　　※アイデンティティ＝「これを欠いては自分ではないと思う属性や特性」のこと（森，2012）。

　　……必ずしも、積極的に話したいことばかりではない。

　・マイノリティが、明かしていなかった自らのアイデンティティを他者に告げること。

　　＝（⑧　　　　　　　　　　　　　　　　　　　　　）

　　……目的はさまざま ⇒ 助けを求める・喜びを共有したい・より深い関係を求めて・嘘をつきたくない・自分を事例として問題を訴える、など。

　・本人の承諾なしに、他者が勝手にあばくこと＝（⑨　　　　　　　　　　　　　　　　）

　　※【巻末資料③】「カミングアウトとアウティング」参照。

◉ 表現の自由を守るために

　・情報発信は、人を傷つけ、ときに他者の生命を奪うこともある。重大な事件が起きると、"表現"を規制すべきという声も出てくる。

　・表現の自由を含む「自由権」は、本来、（⑩　　　　　　　　　　　　　　　　）に対する「自由」を指す。

　・個人の権利を侵害する「自由」は、誰ももっていない。

※世界人権宣言と自由権規約（市民的及び政治的権利に関する国際規約）は、ともに第19条で表現の自由を保障しているが、他方で「権利及び自由の破壊を目的とする活動」に自由は認めないことも明記している（世界人権宣言第30条、自由権規約第5条）（金子，2019）。

・表現の自由を守ることに関連して、国が表現の自由に介入する状態にならないように、映画やテレビ業界が主体的に取り組んでいることを調べてみよう。《回答欄7》

💬 **ひとこと** ‥‥‥‥‥‥‥‥‥‥‥‥‥‥‥‥‥‥‥‥‥‥‥‥‥‥‥‥‥‥‥‥‥‥‥‥‥‥‥

　インターネットは、比較的新しいコミュニケーションツールであり、問題が起きたときには、ツールそのものの欠点のようにいわれることがしばしばあります。しかし、ツールを使いこなすのは私たちであり、そこで起きる人権問題は、これまでに獲得された人権の原則をふまえて対処できることも多くあります。

　また、SNSなどを効果的に使うことで、誰もが社会に直接はたらきかけることも可能です。若い世代こそ、ツールの特性を活かして発信し、時代状況に柔軟に対応することで、社会を変えていけるかもしれません。

　これまでの人権に関する蓄積と、新しい技術や価値観が組み合わさることで、より多くの人が生きやすい社会につながっていくのではないでしょうか。

🧊 **発展学習**

　今回あげた例以外に、SNSを含めたインターネットで起きている問題にはどのようなものがあるか、あげてみましょう。《回答欄8》

# 第13回　よりよい社会をめざして

　誰もが生きやすい社会をつくるために、これまで学んできたことをふまえ、特にマジョリティとしての立場から何ができるかを考えていきましょう。

💬 アクティビティ《おかしなマラソン大会》

　あるマラソン大会は、1〜3位に入賞した人だけが、マラソンのエキスパートとしてその後のレースの方針・ルールを決定する実行委員会の委員になることができます。委員になるか否かは入賞者の任意です。

　スタート地点は大変不便な場所にあり、鉄道の乗り継ぎも不便で、列車の本数も少なく、駅からは徒歩30分ほどかかる場所でした。会場の事情から、参加者の集合はレース開始の10分前〜開始時間までで、それより前には会場に来ないように指示されています。

　レースの結果は、以下の通りでした。

> 1位　Aさん
> 2位　Eさん
> 3位　Bさん
> 4位　Gさん
> 5位　Cさん

それぞれの選手がスタート地点まで来るための手段は、以下の通りでした。

| | |
|---|---|
| Aさん（1位） | 親に車で送ってもらった。 |
| Bさん（3位） | 自宅から最寄り駅まで15分歩き、30分電車に乗り、会場まで30分歩いた。 |
| Cさん（5位） | 自転車を60分こいできた。 |
| Dさん | 20分走り、30分電車に乗り、会場まで30分歩いた。 |
| Eさん（2位） | 自分でバイクを20分運転してきた。 |
| Fさん | 45分歩いてきた。 |
| Gさん（4位） | 駅まで5分歩き、25分電車に乗り、会場まで15分歩いた。歩く間は、とても重い荷物を持っていた。 |
| Hさん | 親の自転車で2人乗りで送ってもらった。 |

　すべての参加者は、同じスタートラインから同じ条件で走りはじめるので、結果は参加者個人の能力に起因する、という前提でマラソン大会は開催されています。

　あなたはAさん、Eさんのいずれかだとします。

① 自分の上位入賞をどう思いますか？ 《回答欄1》

② Gさん（4位）、Cさん（5位）についてどう思いますか？ 《回答欄2》

③ レースの方針・ルールを決定する委員になりますか？ 《回答欄3》

④ 何をしたいですか？ 《回答欄4》

## ノート1 《人権と多様性を実現するために》

⊙ 味方（ally、アライ）とは

①

・絵本『アンチレイシスト・ベビー』[1]（ケンディ作，ルカシェフスキー絵，渡辺訳，2021）には、公正な社会をつくるための方法として、以下の9つの項目があげられている。

1．異なる肌の色のすべてに気づいて受け入れること [2]
2．自分のことばで人種について語ること
3．人ではなく政策に問題があることを指ししめすこと
4．「ほかの人とちがっていても、まちがってはいないよ！」と大きく声をあげること
5．わたしたちの異なるところ、すべてを祝福すること
6．文化のかべをたたきこわすこと
7．自分がレイシストになったときには、それをみとめること
8．アンチレイシストになるようにすること
9．いつか人種差別に打ち勝つと信じること

1)「レイシスト」は人種差別主義者、「アンチレイシスト」は人種差別に反対して行動を起こす人のことをいう。

2) この項目は、「肌の色は気にしない」（肌の色のちがいは無視する）という姿勢に対し、それは実際にある肌の色（による社会的な立場）のちがいを否定することになると指摘している。

 ぐるぐるタイム！

上記の項目を参考にしながら、さまざまな人権課題について差別をなくすために、アライとして行動するときに大切なことは何か、考えてみましょう。《回答欄5》

**ノート2 《「中立」とは？》**

中立をめぐって、差別と闘ってきた人たちは、次のような言葉をのこしています。

> 不公正な状況で中立的であろうとするならば、あなたは抑圧者の側を選んだことになる。
>
> If you are neutral in situations of injustice, you have chosen the side of the oppressor.
>
> デズモンド・ツツ司教（Desmond Tutu, 1931-2021）
> 南アフリカで反アパルトヘイトに取り組んだ牧師。

> 我々は、必ずどちらの側につくのかを選ばなくてはならない。中立的な立場は支配者（抑圧者）を支援するが、決して被害者を支援することはない。沈黙は、加害者を勇気づけるが、被害者の力になることはない。
>
> We must take sides. Neutrality helps the oppressor, never the victim. Silence encourages the tormentor, never the tormented.
>
> エリ・ヴィーゼル（Elie Wiesel, 1928-2016）
> ホロコーストのサバイバー。

> 力のある者と力のない者の間での争いから手を引くことは、力のある側に立つことを意味する。それは、中立ではない。
>
> Washing one's hands of the conflict between the powerful and the powerless means to side with the powerful, not to be neutral.
>
> パウロ・フレイレ（Paulo Freire, 1921-1997）
> 20世紀を代表するともいわれるブラジルの教育者。

> 地獄の一番熱い場所は、重大な精神的葛藤に際して中立の立場をとった人間のためにとってある。悪事を抗議もせずに受け入れる者は、それに確かに加担している。
>
> The hottest place in Hell is reserved for those who remain neutral in times of great moral conflict……[an individual] who accepts evil without protesting against it is really cooperating with it.
>
> マーティン・ルーサー・キング・ジュニア（Martin Luther King Jr., 1929-1968）
> 公民権運動に取り組んだ牧師。

⊙「中立」の危うさ

シーソーのバランスをとるには……
図 13-1

📝 **ノート 3 《人権を、日常の行動基準の 1 つに》**

・「価値観・内心が多様で、自由であること」と「人権尊重を普遍的な価値として大事にすること」は両立する。

　……「人を殺す自由」や「盗みをする自由」がないのと同様に、「差別する自由」や「他者の人権を侵害する自由」はない。

※人権尊重を山頂のゴールだとすると、そこへ至る道筋や動機（すなわち内面のありよう）はいろいろあって良いが、「山を崩してしまえ」というのは違う。

・人権は、歴史のなかで、多くの人々が（②
　　　　　　　　　　　　　　）を行い、勝ち取ってきたもの。

・人権は、誰もが日常を生きていくときの（③　　　　　　　　　　　　　　　）
にして、（④　　　　　　　　　　　　　　　　　）である。

・人権は、「一部の人」や「特異な事件」のためにあるものではない。

・日々の暮らしは、社会の構造とつながっている。

　……（⑤　　　　　　　　　　　　　　　　　　　　　）

　= The personal is political.

> これはアメリカのウィメンズ・リブ運動の中から出てきたスローガンです。個人的なものはプライバシーの領域に属し、権力や政治とは無縁だと、近代社会では了解されてきました。ところが、私的な人間関係、男女関係のすみずみにまで、権力の問題がつきまとっているのだということを、ウーマンリブは訴えました。（落合, 2004, 123）

💬 **ひとこと**

　これまで学んできたように、人権保障の第一義的な責任者は国家ですが、それを動かすのは、そこで暮らす私たちです。特に、マジョリティの意識や行動には責任があります。

　人権は、社会の土台となるものです。その未来は、私たち 1 人ひとりの手で築いていくことができるのです。

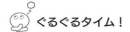 ぐるぐるタイム！

　これまでの学びと上記の内容をふまえて、人権尊重のために、自分には／仲間と（身近な人間関係のなかで）／みんなで（社会全体や国レベルで）何ができるかを考え、表にしてみましょう。《回答欄6》

### 発展学習

１．次の文章を読み、①～④を考えてみましょう。

　ココさんの住んでいるところは、○○市の××地区です。山間部にある××地区はもともと、××村という独立した村でしたが、市町村合併で○○市に編入されました。○○市は平野部が中心で、人口が多く非常に栄えていますが、××地区は現在、高齢化と過疎化が著しい状態です。××地区の小学校は全校児童20人で維持していますが、地区内の中学校は30年前に廃校になったため、××地区に住む中学生は、市街部にある生徒数1500人の中学校まで通わねばなりません。ココさんの自宅から小学校まで3km、中学校まで10kmの距離があり、××地区の子どもたちは路線バスで通学しています。

　ココさんは中学生で、小学生のきょうだいがいます。子どもたちは、地域の人たちからとても大切にされています。ココさんもきょうだいも、××地区のことが大好きで、ずっと住み続けたいと思っています。しかしながら、通学に利用する路線バスは1日数便しかなく、授業が終わってからバスが来るまでの待ち時間が非常に長いので、ココさんたちは困っています。ココさんの保護者は隣の市でフルタイム勤務をしていて、帰宅は早くても19時半です。就職に苦労したココさんの保護者にとって、ようやくつかんだこの仕事を辞めてしまったら、経済的にやっていくのが難しくなります。

　小学生のきょうだいが学校でちょっとケガをしたり熱を出したりして早退する場合も、徒歩で帰れないため、毎回、保護者が車で迎えに行かねばなりません。保護者の仕事の都合を知っている小学生のきょうだいは、体調不良を隠すようになってしまいました。また、○○市内の他の小学校には、放課後の児童を保育する「学童保育」がありますが、××地区の小学校は児童数が少ないことから、市が定めた学童保育の設置基準を満たさず、○○市内の小学校のなかで唯一、学童保育がありません。そのため、放課後の児童の安全が確保しづらい状況です。

　ココさんは、バスの便の都合で、通いたい塾や習い事へ行くことができません。また、自宅の最寄りのバス停から自宅までは300mほどの距離ですが、部活を終えて帰るころには日が暮れています。街灯は、市街部と同じ基準で、20mごとにつけられていますが、山間部は市街部と異なり、家々やお店の明かりはありません。バスを降りたココさんは、不審者や野生生物に怯えながら、自宅まで小走りで帰ります。

　5年前、大きな台風が××地区を直撃し、ココさんの自宅周辺は数日間、孤立しました。停電や断水が長く続き、山は倒木で覆いつくされました。市街部なら、停電や断水はいち早く解消されるでしょう。しかし、山間部は人口が少ないためか、ライフラインの復旧や倒木撤去までに長い時間がかかり、過疎化に拍車がかかりました。

ココさんと家族は、××地区に対する○○市の扱いが、本当の意味での平等ではないと考え、市会議員や市役所などに対して状況改善を訴えます。ココさんは、「××地区の住民も、○○市の住民として、安心して暮らせる権利を保障してほしい」と言いましたが、多くの場合、「気持ちはわかるけど、人口が少ないからね……」と一蹴されました。仕方がないので、ココさんの保護者は、「××地区は、○○市の中心を流れる川の水源地です。そこに人が住めなくなったら、山の変化を日常的に観察できる人がいなくなるので、○○市全体の水害リスクが高くなります。だから、市街部の人たちのためにも、××地区に人が住み続けられるようにしてください」と主張しました。ココさんが友だちにその話をすると、今までよりも××地区の問題について関心をもってくれましたが、ココさんはなんだかモヤモヤしています。

　① ココさんと家族は、どのような不利益を被っていますか？《回答欄7》
　② ココさんと家族の保障されるべき権利は、どんなことでしょうか？《回答欄8》
　③ ココさんは、なぜモヤモヤしているのでしょうか。《回答欄9》
　④ あなたがココさんの「アライ」だとすれば、どのようなことができると思いますか？《回答欄10》

　2．あなた自身の身近にある人権課題または気になる時事問題について、① 誰のどんな権利が侵害されているか、② 事態を改善するために、誰が何をするべきか、具体的に考えてみましょう。《回答欄11》

# 巻末資料

 ① 世界人権宣言および人権条約にみる差別の定義

## ⊙ 世界人権宣言

第二条

1　すべて人は、人種、皮膚の色、性、言語、宗教、政治上その他の意見、国民的若しくは社会的出身、財産、門地その他の地位又はこれに類するいかなる事由による差別をも受けることなく、この宣言に掲げるすべての権利と自由とを享有することができる。

2　（略）

## ⊙ あらゆる形態の人種差別の撤廃に関する国際条約（人種差別撤廃条約）

第一条

1　この条約において、「人種差別」とは、人種、皮膚の色、世系又は民族的若しくは種族的出身に基づくあらゆる区別、排除、制限又は優先であって、政治的、経済的、社会的、文化的その他のあらゆる公的生活の分野における平等の立場での人権及び基本的自由を認識し、享有し又は行使することを妨げ又は害する目的又は効果を有するものをいう。

2〜4（略）

## ⊙ 女子に対するあらゆる形態の差別の撤廃に関する条約（女性差別撤廃条約）

第一条

この条約の適用上、「女子に対する差別」とは、性に基づく区別、排除又は制限であつて、政治的、経済的、社会的、文化的、市民的その他のいかなる分野においても、女子（婚姻をしているかいないかを問わない。）が男女の平等を基礎として人権及び基本的自由を認識し、享有し又は行使することを害し又は無効にする効果又は目的を有するものをいう。

## ⊙ 障害者の権利に関する条約（障害者権利条約）

第二条　定義

この条約の適用上、（略）

「障害に基づく差別」とは、障害に基づくあらゆる区別、排除又は制限であって、政治的、経済的、社会的、文化的、市民的その他のあらゆる分野において、他の者との平等を基礎として全ての人権及び基本的自由を認識し、享有し、又は行使することを害し、又は妨げる目的又は効果を有するものをいう。障害に基づく差別には、あらゆる形態の差別（合理的配慮の否定を含む。）を含む。

（略）

　⇒ これらの定義を要約すると、「「差別とは、人の属性や特性を理由に、区別・排除を行い、人権を享有し行使することを妨害すること」である（そのような目的・効果を持つもの）。」（阿久澤，2023，6）

**② マイクロアグレッション**

**⊙ マイクロアグレッションとは……**

　通常よく行われるような言動または環境による軽蔑であり、意図するかしないかにかかわらず、敵意・軽蔑、否定や軽視、侮辱を伝えること。

　無意識の行動や言動に何気なく表れる、人種やジェンダー、性的指向など歴史的に疎外されてきたグループに対する差別や偏見。

（参考：スー，2020）

　発言している方には相手を傷つけたり差別したりする意図はないが、その言葉の中に異なる人種、異なる文化・習慣を持つ人に対する無理解、偏見、差別が含まれている「ささいな」、「見えにくい」攻撃。

（参考：榎井監修，大阪府在日外国人教育研究協議会実践プラン集作成プロジェクト編，2017）

**⊙ マイクロアグレッションが明らかにしたこと**

　・極端な差別主義者が最も大きなダメージを与えているわけではない。

　・行う人はたいていの場合、無意識である。

　・１つひとつは小さいが、続くことで害は蓄積していく。

　・マジョリティは傷つけていることを理解できず、傷を過小評価する。

（参考：金，2016）

**⊙ 対応の難しさ**

　言われた側：「私が繊細すぎるのか？」「考えすぎ？」「指摘すると、相手を無知だと言っていることになる？」

　言った側：「傷つけたならごめんなさい」「誤解させてしまいました」

**⊙ マイクロアグレッションが伝えているメッセージ**

| 分　類 | 具体例 | 伝えているメッセージ |
|---|---|---|
| よそ者扱い | 「どちらのご出身ですか」<br>「英語がお上手ですね」 | あなたはアメリカ人ではない |
| 知的能力を出自に帰する | 「○○人の誇りですね」<br>「女性で数学が得意なんてすごい」 | 有色人種は白人ほど知的でない／女性は数学が不得意 |
| カラーブラインド | 「肌の色なんて関係ない」<br>「人種は一つ。人類だけ！」 | 有色人種の人種的・民族的経験の否定 |

| 女性蔑視的 | すべての人をさして代名詞「he」を使う／自己主張する女性が「生意気」と言われる | 男性の経験は普遍的（女性の経験は無意味）／女性は受動的であるべき |
|---|---|---|
| 異性愛主義的な用語 | 交際状況の選択肢が「既婚」「独身」の２つ／男性が女性の友人と仲良くすると「女々しい」と言われる | LGBTのパートナーシップはどうでもいい／女性のようにふるまう男性は劣っている（女性は劣っている） |
| 個人の差別／蔑視の否認 | 「雇い主として男性と女性を等しく扱います」 | わたしのしていることは女性差別ではない |
| ジェンダーにもとづく固定観念 | 女性に年齢を尋ね、31歳と聞くなり、薬指をチラッとみる | 女性は出産可能な若い年齢のうちに結婚するべき |

（参考：スー，2020）

 ③ カミングアウトとアウティング

### ⊙ カミングアウト

　では、性的マイノリティはどのように自分自身を表現し、"自分らしく"生きていくことができるのだろうか。性の多様性を自分のこととして表現すること、そして誰かが表現しようとすることについて考えてみよう。

　「カミングアウト」という言葉がある。もともとは外見では分からない性的指向を表明することを指す。これも同性愛者解放運動のなかで広がってきた言葉である。秘密の告白や打ち明けの意味として捉えられることがあるが、ちょっとちがう。カミングアウトとは「クローゼットから出ること（coming out of the closet）」を意味する。クローゼットとは、本来、人間が自由に生活する場所ではない。「クローゼットから出る＝カミングアウト」とは、狭い物置に閉じ込められている状態から外に出ることをたとえているのだ。

　カミングアウトには３つの段階がある。まず自分自身へ。次に安心できる身近な場所で。さらに不特定多数へ。自分がマジョリティの性のあり方とは違うという発見は、ときに、その人自身に不安をもたらす。みんなと同じことで安心できる社会のなかで、違うという要素は隠したくなることだって多い。それがマイナスのレッテルを貼られている要素だとなおさらだ。だからこそ、まずは、他者との違いを自分自身で認めていく必要がある。黙っているとみんなと同じ——異性愛者——だと思われてしまう。だからこそ、安心できる場では自分らしく生きていくために表明する必要が生まれてくる。また、偏見や差別をなくしていくために、カミングアウトする人たちもいる。とくに芸能人やスポーツ選手、政治家など、知名度のある人たちがカミングアウトすることによって、孤立しているクローゼットのなかにいる人たちへのエンパワメントになることもある。

　しかし、これらの段階は、階段をのぼるように順番があるわけではない。つまり、より広く自分自身を表明していくことが目的となるわけではない。不特定多数の人たちに対してカミングア

ウトしたところ、疲弊して、自分自身を肯定できなくなるケースもあるだろう。場合によっては、クローゼットのなかで休む自由も必要であろう。

（堀江，2021，138-139）

## ⊙ アウティング

　カミングアウトは自分自身が選択する行為である。それに対し、誰かの性のあり方を暴露する「アウティング」という行為がある。2015年には、東京都内のロースクールの学生がゲイ男性であることをアウティングされ、転落死するに至った。アウティングという行為が、誰かのいのちを奪っていく悪質な効果をもたらすことを、この出来事は私たちに示している。

　彼は同級生の男性に恋愛告白をした。その告白を受けた同級生は他の人たちも読むことのできるSNS（LINEグループ）に「おまえがゲイであることを隠しておくのはムリだ」と投稿した。遺族はこの出来事を「加害行為」と認識し、アウティングした同級生と適切な措置をとらなかった大学を相手どって訴訟を起こすこととなった。この事件からは、たんなる恋愛の告白の暴露という意味だけではなく、好意を寄せられたことに対して加害者が、彼の性のあり方＝生き方にマイナスのレッテルを貼っていることが「ゲイであること」という表現からもみてとることができる（＊引用者注）。

（堀江，2021，139）

　（＊）「ゲイであること」にマイナスのレッテルを貼っているのは、アウティングをした学生であることに注意。ゲイであることがマイナスなのではなく、マイナスだとレッテル貼りをする側に問題がある。これは、他のマイノリティ属性についても同様。

④ 設定カード

子どもの時からいつも気になる相手や好きになる人が同性で、「これってなんか、みんなと違うんじゃないか」と思ってきた。
そのうち異性を好きになるかもしれないと思っていたけど、中学生になっても、やっぱり好きになるのはいつも同性。
ネットでも調べたりして、自分はどうやら同性愛者だ、という確信が最近強まってきている。
このことは今のところ、友達にも家族にも言っていない。

小学生の時に母が亡くなって、うちは父子家庭。
父親は昼から仕事に行って、夜遅くに帰ってくる。
疲れているので、朝も寝ていることが多い。なので、家事とか、下の妹・弟の面倒を見るのは、ほとんど自分がしている。父親は頑張って働いてくれているので、自分は一番年上だし協力しないとなと思っている。
でも、部活とか、遊びとか、もっとしたいことはある。進路も、本当は離れた町の高校で勉強したいことがあるけど、現実的じゃないよなと思っている。

自分は韓国籍だ。父も母も在日韓国人 2 世で、両方の祖父母が戦争中に日本に渡ってきたらしい。
だから両親ともに日本生まれ。
実は韓国の名前も持っているが、普段は日本の名前で生活しているし、見た目は同じアジア人なので、言わなければ友達にもわからない。
今、今後国籍を日本に変えるかどうか悩んでいる。
（外国籍だと選挙権もない。でも、親は韓国のルーツを大事にしたいという考えだし…）

昔からじっとしているのは苦手で、授業中じっと座っているだけでもとても疲れる。すぐにうろうろしたり、机をガタガタしたりしてしまう。
カッとしたり、すごく気になることがあると、衝動的に手が出てしまったり、順番に並んでいる列に割り込んでしまったりするし、うっかりルールや約束を忘れて、破ってしまうことも多い。
悪気はないのだが、家でも学校でも怒られることばかりだ。
いつもあとで後悔するのだが、その瞬間とめられずにやってしまう。
自分ではどうしていいかわからなくて、ずっと困っている。

生まれたときに割り当てられた性別は女性だが、自分の体・性別に違和感がある。
じゃあ自分は男だ！と思っているのかというと、別にマッチョになりたいとかヒゲが生え
てきてほしいとか思っているわけではないので、正直自分でもよくわからない。
少なくとも「女子」として扱われるのはすごく「違う！」と思うし、嫌だし、制服を着る
のもつらいと感じている。でも、これを人に言ったことはない。
理解してもらえるか分からないし、不安だ。

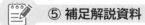

## ⑤ 補足解説資料

※以下、すべて 2023 年 2 月時点の情報。

**A　鉄道会社がラッシュ時に、原則として女性だけが乗車できる女性専用車両を導入している。**

【痴漢の被害経験】

・1999 年度の内閣府男女共同参画局の調査によれば、女性の 48.7％が「痴漢の被害経験がある」と回答。

・2021 年の福岡県警の調査では、女性の 35.1％、男性の 4.8％が「痴漢被害経験あり」と回答。そのうち 40.5％の人が、3 回以上被害にあっていると回答している。

【地下鉄御堂筋事件】

・1988 年 11 月、大阪市営地下鉄御堂筋線の電車内で、二人組の痴漢に対し、勇気を出して注意した女性が「逆恨み」に遭い、その犯人たちに脅されて引き回された末、マンションの建設現場で強かんされた事件。

（参考：大阪府府民文化部人権局人権企画課教育・啓発グループ Web サイト）

・この事件をきっかけに「性暴力を許さない女の会」というグループが発足し、鉄道会社に痴漢対策の要望を行ったが、当初は積極的な対策への動きはみられなかった。2002 年に国土交通省による「女性専用車両　路線拡大モデル調査」を行って以降、各鉄道会社が導入・定着していった。

（参考：日本民営鉄道協会 Web サイト）

**B　居酒屋の飲み放題のコースで、男性に比べて女性の方が安い料金設定になっている。**

・集客を目的としたサービスのひとつと考えられる。

**C　女性社員が 2 割の会社で、女性活用推進室を設置し、5 割をめざして女性を優先的に採用する。**

【そもそも、なぜ女性社員が 2 割になっていたのか？】

・「女性が 4 割いるなら、管理職も 4 割いるのが当たり前。女性にゲタをはかせているとの批判があるが、もともとゲタをはいていた男性に脱いでもらっただけ。これから社会全体がそうなっていくでしょう」。

（伊藤秀二カルビー社長兼 COO（最高執行責任者）の言葉，2016 年 10 月 3 日朝日新聞）

**D　シングルマザーのみを対象とした、就労支援のためのパソコンセミナーを無料で開催する。**

【世帯収入の比較】

児童のいる世帯（全体）：813.5 万円、父子世帯：606 万円、母子世帯：373 万円

（参考：厚生労働省「2021（令和 3）年度全国ひとり親世帯等調査」）

**E　ある映画館では、毎週水曜日がレディースデイで、女性は 1200 円で映画が観られる。**

【映画館の集客サービス】

・レディースデイ……大手映画館は 2021 年頃に廃止。現在、実施している映画館は少数。

・メンズデイ……2016 年頃に廃止、理由は「利用者数が少なかったため」。

・ファーストデイ（毎月1日）……年齢や性別を問わず、1人1100〜1200円、多くの映画館で実施。

・○○○シネマの日……映画館ごとに実施。

・シニア割……60歳以上が対象。

・夫婦50割引……夫婦のどちらかが50歳以上なら2人で2400円、2021年頃廃止。ペア50割に切り替えたところも。

・高校生友情プライス…高校生3人以上なら1人1000円、利用率が低く2009年頃廃止。

## F　長距離特急の指定席の車両の一部に、女性だけが利用できる女性専用席を設置する。

・JR西日本の特急「サンダーバード」「くろしお」に設置。「サンダーバード」では9両約700席のうち16席。

### 【サンダーバード事件】

・2006年8月3日、ＪＲ北陸本線の特急「サンダーバード」の車内で20代の女性の隣に座り「大声を出すな。殺すぞ」と脅して胸などを触った後、男子トイレに連れ込み乱暴。その他にも、ＪＲ湖西線の普通電車内や大津市内の駅のトイレなどで女性に乱暴。強かんなどの罪で懲役18年（2008年1月17日、大津地方裁判所）の判決。JR西日本は、この事件と女性専用席の設置には関係ないとしている。

## G　視覚障害の受験生の試験時間を、他の受験生の1.5倍とする。

・文部科学省は、高等学校卒業程度認定試験等において、点字による教育を受けている人（点字受験）は1.5倍、矯正視力0.15以下・視野損失90%以上の人（文字解答）には1.3倍の時間延長を行っている。

・司法試験では、全盲では1.5〜2倍、弱視では1.33〜1.5倍の時間延長がある。

## H　ある遊園地では、身体障害者手帳を持っている人は、待ち時間なしでアトラクションに乗れる。

### 【東京ディズニーリゾート「ゲストアシスタンスカード」】

・2000年4月から、「ゲストアシスタンスカード」を導入。列に並ぶのが困難な人は他の場所で待機する、聞こえにくい人はスピーカーの近くの席、速やかに（待ち時間なしで）アトラクションを利用できる、といった対応をしていたが、「速やかに」の悪用やクレームが多かったため、2002年5月に廃止。現在は、「ディスアビリティアクセスサービス」を提供。障害により長時間列に並ぶことが困難な場合、列以外の場所で待機することができる（その間ほかのショーを観覧したり施設を利用したりすることはできない）。

### 【ユニバーサル・スタジオ・ジャパン】

・待ち列に並ぶことができない障害のある人で、障害者手帳を所持していれば、「ゲストサポート・パス」を利用できる。内容は東京ディズニーリゾートと同様。

## I　ある大学では、建学の理念にもとづき、キリスト教を信仰する学生に対する特別推薦入学選考がある。

J　ある大学では、建学の理念にもとづき、被差別部落出身の学生に対する特別推薦入学選考がある。

【四国学院大学】

「四国学院大学は、世界の多様性を理解し、他の人々とともに生きることを求め、そして実践する力を身につけたいと志す入学者を広く受け入れようと考えています。（中略）建学理念を具現化する試みの一つとして、1995年度入試から「特別推薦入学選考制度」を実施してきました。（中略）

「特別推薦選抜Ⅰ類」は、根深い社会的差別・不寛容のなかで大学教育を受ける機会を制限されてきた、被差別部落出身者、被差別少数者（民族的少数者等）、身体障害者に対し、より幅広く、かつ誇りをもって大学教育を受ける道を開くという、アファーマティヴ・アクション（格差是正措置）としての性格をもつ入学選抜制度です。この選抜枠での入学者により他の学生たちが啓発され、相互理解を深めることにより、建学憲章のめざす人材育成のための教育環境が、より深く根をはったものとして確立されていくことこそ、本学の目標とするところです。

「特別推薦選抜Ⅱ類」は、本学のキリスト教精神に則り、キリスト教への深い信仰に根ざした者の入学選抜を行う「キリスト者」枠と、国際社会のなかで培ってきた経験と見識をより高く評価する「海外帰国生徒」枠と、「文化の多様性」枠から構成されています。」

（四国学院大学HP「特別推薦選抜制度アドミッション・ポリシー（入学者受入れ方針）」）

K　所得にかかわらず、消費税は10%である。

L　所得が400万円だと所得税は20%だが、4000万円だと45%である。

・同じ経済力であれば同じ税を負担することを水平的公平、負担能力の大きい人がより大きい納税額となることを垂直的公平といい、所得が増えると税率があがる仕組みのことを累進課税制度という。

・消費税は、所得の低い人ほど（その人の所得に対して）負担割合が多くなる「逆進性」がある。

| 課税される所得金額 | 税率 |
|---|---|
| 1,000円～1,949,000円 | 5% |
| 1,950,000円～3,299,000円 | 10% |
| 3,300,000円～6,949,000円 | 20% |
| 6,950,000円～8,999,000円 | 23% |
| 9,000,000円～17,999,000円 | 33% |
| 18,000,000円～39,999,000円 | 40% |
| 40,000,000円以上 | 45% |

M　東京13区（有権者約48万人）も、鳥取1区（有権者約23万人）も、1人の議員が選出される。

・2021年10月の衆議院選挙では、有権者数が最少の鳥取1区（約23万人）と最多の東京13区（約48万人）で2.08倍の差があり（2倍を超えた選挙区は29）、「選挙区で投票価値が違うのは憲法違反だ」として選挙の無効を求めた裁判がおこされたが、2023年1月に最高裁判所は合憲とする判決を出した。

・一方で、「一票の格差」を完全になくした場合、都市部の代表者が議会で多数をしめることになり、人口の少ない地域の声が届きにくくなってしまうことが懸念される。

**N　コンビニのおにぎりは、全国どの店舗で買っても同じ値段である。**

**O　最低賃金は、東京 1072 円、青森・宮崎 853 円（2022 年 10 月〜）など、地域によって違う。**
・厚労省の中央最低賃金審議会が所得や物価などを基に最低賃金の目安を決定し、各都道府県の審議会が具体的に決定。ちなみに、宮崎県と東京都の物価指数の差は 1.09 倍、最低賃金の差は 1.26 倍となっている（物価の差に対して、最低賃金の差が大きい）。また、最低賃金が地域別になっているのは、世界では日本をふくめ 4 ヶ国であり、全国一律の国がほとんど。

**P　FIFA ワールドカップの賞金総額は、男子 4 億 4000 万ドル（2022 年）、女子 6000 万ドル（2023 年）である。**

| 女　子 | | | 男　子 | | |
|---|---|---|---|---|---|
| | 優勝賞金 | 賞金総額 | | 優勝賞金 | 賞金総額 |
| 2015 年 | 200 万ドル | 1500 万ドル | 2014 年 | 3500 万ドル | 3 億 5800 万ドル |
| 2019 年 | 400 万ドル | 3000 万ドル | 2018 年 | 3800 万ドル | 4 億ドル |
| 2023 年 | | 6000 万ドル | 2022 年 | 4200 万ドル | 4 億 4000 万ドル |
| 2019 年の視聴者数 | | 11 億 2000 万人 | 2018 年の視聴者数 | | 35 億 7200 万人 |

・ニュージーランドでは 2018 年に男女の同国代表選手に平等の報酬と賞金が支払われることが決定。ノルウェーでも 2017 年から代表選手には男女問わず同額が支払われている。
・アメリカでは、2016 年に女子代表選手らが、報酬や待遇の性差別についてサッカー連盟を提訴し、2019 年には集団訴訟に発展。2022 年にトレーニング環境、移動手段などで男女の格差をなくすこと、男子と女子の代表チームに同一賃金を支払うことで和解。「国際大会において男女どちらのチームが勝っても、その賞金を半分ずつに分ける」という方法を取り入れ、2022 年ワールドカップのアメリカの獲得賞金 1300 万ドルは、650 万ドルずつに分配された。

**Q　小学校で、特定の子どもだけ、タブレットを持ちこみ使用している。**
・学習障害などで読み書きに困りごとのある子どもが、タブレットなどの ICT 機器を使用することは、合理的配慮の一環としてひろがってきている。

**R　LCC（格安航空会社）の航空運賃は、2 歳からおとなと同じ料金である。**
・一般航空会社の国内線では、3 歳未満の子どもは無料（同伴者 1 人につき 1 人）、11 歳まではおとな料金の半額、12 歳からおとなと同じ料金。

# アクティビティのリソース

## ◆ＥＲＩＣ国際理解教育センター （http://www.eric-next.org/index.html）
テキスト販売サイト （https://esdteachus.theshop.jp/）

『人権教育ファシリテーターハンドブック　参加型「気づきから築きへ」プログラム』（2000 年）
第 1 回「困っている人を助けよう」、第 2 回 ②「世界人権宣言を読もう」、第 4 回 ③「去年はできなかった、でも今年はできる」、第 7 回 ②「多数派・少数派体験ゲーム」

『いっしょにできるよ　Let's Co-operate』（1994 年）
第 4 回①「じゃがいもと友だちになろう」

『対立から学ぼう　中等教育におけるカリキュラムと教え方』（1997 年）
第 10 回 ①「対立ってどんなイメージ？」、第 10 回 ②「怒りの温度計」、第 10 回 ③「対立は激化する」

※ 1989 年に設立のワークショップ（参加型学習）の老舗ＮＰＯ。海外の翻訳テキストをはじめ、出版物多数。たんなるアクティビティ集ではなく、知識・スキル・姿勢など、ワークショップの基本的なことがらを学ぶことができるリソースがたくさんあります。

## ◆大阪府府民文化部人権局人権企画課 （https://www.pref.osaka.lg.jp/jinken/work/）
『同じをこえて　差別と平等』（人権学習シリーズ Vol.6、2010 年）
第 9 回②「これって「アリ」？「ナシ」？」（「その「ちがい」は何のため？」を改編）

『みえない力　つくりかえる構造』（人権学習シリーズ Vol.7、2011 年）
第 6 回「ふつう」って？（「「ふつう」がいちばん？！」を改編）、第 7 回発展「100 ます計算から考える」（「左利きの国？！」を改編）

※参加体験型学習のための人権学習教材が多数掲載されています。PDF で公開されているほか、冊子は無料で入手できます。栗本は「人権学習シリーズ Vol. 3 〜 10」に編集委員として関わりました。

## ◆おすすめの本 （海外教材の翻訳）
『人権のための教育』（ラルフ・ペットマン著、中川喜代子・福田弘訳、1987（新版 2003）年、明石書店）
第 2 回 ①「宇宙人がやってきた」

『地球市民をはぐくむ学習』（グラハム・パイク、ディヴィッド・セルビー著、中川喜代子監修、阿久澤麻理子訳、1997 年、明石書店）
第 7 回 ①「なかまさがし」

『人権教育のためのコンパス［羅針盤］　学校教育・生涯学習で使える総合マニュアル』（ヨーロッパ評議会企画、福田弘訳、2006 年、明石書店）

『コンパシート【羅針盤】　子どもを対象とする人権教育総合マニュアル』（ヨーロッパ評議会企画、福田弘訳、2009 年、（財）人権教育啓発推進センター）

※海外の人権教育・参加型学習の翻訳教材です。第 3 回の「無人島ゲーム」も、1990 年代に海外講師による人権や国際理解のワークショップのなかで紹介されました（掲載書籍として紹介できるものがありませんでした）。

※『人権教育のためのコンパス［羅針盤］』は一般向け、そのほかは 10 代までの子どもを主な対象としています（大人向けにも使えます）。

◆そのほか

＊第4回 ①「じゃがいもと友だちになろう」については、初出は上記の『いっしょにできるよ』にごく簡略な形で記載されたものを、中学校の授業で実践してこられた下村哲史さんに提供いただいた資料を参照し、改編。

＊第4回 ②「リフレーミング」は、複数の研修資料・書籍・ウェブサイト・カードゲームなどを参照して作成。

＊第5回「ことばカードで考えよう」は、武田緑さん（教育ファシリテーター /Demo 代表　https://dem0.work/）作成の原案をもとに改編。

＊第8回 ①「運命のシュート」は、2014年ごろにはアメリカで実践されていたようです。栗本は2018年に出口真紀子氏（上智大学教授）が招聘した Kim Case 氏（米国テキサス州のヒューストン大学クリアレイク校教授）のワークショップにて体験。

＊第8回 ②「特権のリスト」は、動画 What Is Privilege?（https://youtu.be/D5f8GuNuGQ）をもとに作成。動画で実施されているアクティビティ（Privilege Walk）は、マジョリティが特権概念を学ぶために、マイノリティを利用していると批判されています。本ワークブックでは、自分自身の特権をふりかえる個人ワークとして、動画のアクティビティ内の質問項目を参照しました。なお、『人権教育のためのコンパス』『コンパシート』のなかには、役割を設定したうえで Privilege Walk と同様の活動をする「一歩前へすすめ」というアクティビティが紹介されています。学習のねらいとしては、「特権」ではなく、社会的不平等への気づきと記載されています。役割を設定することで、学習者自身のマイノリティ性 / マジョリティ性が直接には問われない形で社会の構造を学ぶことができます。

＊第11回 ①「イヤなこと」は、『暴力防止の4つの力──ワークで学ぶ子どものエンパワメント』所収の活動をもとに改編。

＊第11回 ②「アサーション状況シート」は、聖マーガレット生涯教育研究所（SMILE）研修資料をもとに作成（SMILE は活動終了）。アサーションについては、「日本アサーション協会（https://www.japan-assertion.jp/）などが活動しておられるほか、近年、書籍もいろいろと発行されています。

＊第13回「おかしなマラソン大会」は、水木理恵さん（臨床心理士／福島県立医科大学）作成のものを使用。

＊第9回 ①「平等とは」、第12回 ①「SNS について」②「SNS はかたる」は、栗本・伏見が作成。

# 引用・参考文献

McIntosh, Peggy, White Privilege: Unpacking the Invisible Knapsack, *Peace and Freedom Magazine*, July/August 1989, pp.10-12.（Web サイト）
https://psychology.umbc.edu/wp-content/uploads/sites/57/2016/10/White-Privilege_McIntosh-1989.pdf

University of San Francisco, Check Your Privilege Campaign, 2014.（Web サイト）
https://myusf.usfca.edu/student-life/intercultural-center/check-your-privilege

阿久澤麻理子「差別を作り変え、継続させているのは誰なのか――部落の所在地情報（地名）の拡散行為を考える」『福音と世界』2023 年 2 月号，新教出版社，2023 年

阿久澤麻理子・金子匡良『人権ってなに？ Q & A』解放出版社、2006 年

アムネスティインターナショナル「わかりやすい世界人権宣言　谷川俊太郎訳」（Web サイト）
https://www.amnesty.or.jp/lp/udhr/

安西篤子・小和田哲男・河合敦編著『ビジュアル日本史ヒロイン 1000 人』世界文化社，2011 年

石戸諭「【相模原 19 人刺殺】それでも、他者とつながり生きる。脳性まひの医師の思い」BuzzFeed News、2016 年 8 月 27 日（熊谷晋一郎氏へのインタビュー）
https://www.buzzfeed.com/jp/satoruishido/sagamihara-kumagaya

榎井縁監修、大阪府在日外国人教育研究協議会実践プラン集作成プロジェクト編『ちがい ドキドキ 多文化共生ナビ――在日外国人教育実践プラン集』大阪府在日外国人教育研究協議会、2017 年

大阪府「わたしたちの世界人権宣言」（Web サイト）
https://www.pref.osaka.lg.jp/jinken/work/declaration.html

大阪府人権協会編『人権学習シリーズ Vol.7　みえない力――つくりかえる構造』大阪府府民文化部人権室、2011 年

大阪府府民文化部人権局人権企画課教育・啓発グループ「人権学習シリーズ　同じをこえて　その「ちがい」は何のため？　女性専用車両で考える特別な措置／解説資料(コラム 地下鉄御堂筋事件)」(Web サイト)
https://www.pref.osaka.lg.jp/jinken/work/kyozai6_05_09.html

落合恵美子『21 世紀家族へ――家族の戦後体制の見かた・超えかた（第 3 版）』有斐閣（有斐閣選書）、2004 年（初版 1994 年、第 4 版 2019 年）

角田尚子・ERIC 国際理解教育センター『人権教育ファシリテーター・ハンドブック 基本編――参加型「気づきから築きへ」プログラム』ERIC 国際理解教育センター、2000 年

金子匡良「『表現の自由』って何だろう？」ヒューライツ大阪『国際人権ひろば No.148　特集：国際人権規約批准 40 年目の日本社会』2019 年
https://www.hurights.or.jp/archives/newsletter/section4/2019/11/post-201856.html

金子みすゞ「私と小鳥と鈴と」矢崎節夫監修『金子みすゞ童謡全集』フレーベル館、2022 年

『季刊ビイ・87　特集：人と人とのココロの距離』アスク・ヒューマン・ケア、2007 年

金友子「マイクロアグレッション概念の射程」堀江有里・山口真紀・大谷通高編『〈抵抗〉としてのフェミニズム』立命館大学生存学研究センター、2016 年

栗本敦子「社会構造と特権」大阪府人権協会編著『やってみよう！人権・部落問題プログラム――行動につなげる参加型学習』解放出版社、2012 年

ケイン樹里安「マジョリティとは「気にせずにすむ人々」――＃ふれる社会学のイベントから」（note 記事 2019 年 12 月 17 日）
https://note.com/julinote/n/n1e83b80755cc

ケンディ, イブラム・X. 作、アシュリー・ルカシェフスキー絵、渡辺由佳里訳『アンチレイシスト・ベビー』合同出版、2021 年

四国学院大学「特別推薦選抜制度アドミッション・ポリシー（入学者受入れ方針)」

https://www.sg-u.ac.jp/tokusui/tokusui_policy/

神村早織・森実編著『人権教育への招待──ダイバーシティの未来をひらく』解放出版社、2019 年

スー，デラルド・ウィン著、マイクロアグレッション研究会訳『日常生活に埋め込まれたマイクロアグレッション──人種、ジェンダー、性的指向：マイノリティに向けられる無意識の差別』明石書店、2020 年

性暴力被害者支援センター・ふくおか監修、NPO 法人ぷるすあるは制作「境界線ってなに？」（動画）2019 年
https://www.pref.fukuoka.lg.jp/contents/kyoukaisennani.html

聖マーガレット生涯教育研究所（SMILE）「こころの基本的人権」1999 年

総務省『令和元年版　情報通信白書』「第 1 部　特集　進化するデジタル経済とその先にある Society 5.0」2019 年
https://www.soumu.go.jp/johotsusintokei/whitepaper/ja/r01/html/nd114210.html

田上時子・女性と子どものエンパワメント関西編著『暴力防止の 4 つの力──ワークで学ぶ子どものエンパワメント』解放出版社、2008 年

出口真紀子「マジョリティ側が陥りやすい「多様性」の罠」『国際人権ひろば No.160　特集：多様性（ダイバーシティ）が実現する社会とは』ヒューライツ大阪、2021 年
https://www.hurights.or.jp/archives/newsletter/section4/2021/11/post-201914.html

長瀬修編著『わかりやすい障害者権利条約──知的障害のある人の権利のために』伏流社、2019 年

日本民営鉄道協会「女性専用車両」『鉄道用語事典』（Web サイト）
https://www.mintetsu.or.jp/knowledge/term/16394.html

パドニー，ワーウィック、エレーン・ホワイトハウス著、藤田恵津子訳『ワークブック：おこりんぼうさんとつきあう 25 の方法──「怒りのマネージメント」による子どもの理解と対応』明石書店、2006 年

パルマー，パット著、広瀬弦絵、Disk Potato House 訳『怒ろう──Anger can be healthy』径書房、1998 年

ヒューライツ大阪「人権とはなんでしょう」（Web サイト）
http://www.hurights.or.jp/japan/learn/

ふらっと教育パートナーズ・伏見裕子編『ふらっとライフ──それぞれの「日常」からみえる社会』北樹出版、2020 年

ブレイディみかこ『ぼくはイエローでホワイトで、ちょっとブルー──The Real British Secondary School Days』新潮社、2019 年

ペットマン，ラルフ『人権のための教育──授業にすぐ使える活動事例集』中川喜代子・福田弘訳、1987 年（新版 2003 年）、明石書店

堀江有里「性的マイノリティと人権──多様な性に YES・誰もが誰かの ALLY になる」古橋エツ子監修、和田幸司編著『人権論の教科書』ミネルヴァ書房、2021 年

毎日新聞取材班『SNS 暴力──なぜ人は匿名の刃をふるうのか』毎日新聞出版、2020 年

松波めぐみ「パターナリズム」社会教育・生涯学習辞典編集委員会編『社会教育・生涯学習辞典』朝倉書店、2012 年

水澤都加佐『仕事で燃えつきないために──対人援助職のメンタルヘルスケア』大月書店、2007 年

森実「『差別と平等』をどう学ぶのか？」大阪府人権協会『人権学習シリーズ Vol.6　同じをこえて──差別と平等』大阪府府民文化部人権室、2010 年

森実「アイデンティティとカミングアウトについて──この冊子の活用に必要な基礎知識」大阪府人権協会『人権学習シリーズ Vol.8　わたしを生きる──アイデンティティと尊厳』大阪府府民文化部人権室、2012 年

矢崎節夫『童謡詩人金子みすゞの生涯』JULA 出版局，1993 年

好井裕明『差別原論──〈わたし〉のなかの権力とつきあう』平凡社（平凡社新書）、2007 年

# おわりに

　13回の学びをへて、「人権」のイメージはどのように変化したでしょうか？

　「なるほど！」「そうだったのか！」と理解が深まり、スッキリしたでしょうか？

　あらたな疑問が出てきたり、違和感や納得いかない感じがあったり、なんだかモヤモヤしているでしょうか？

　学びを授業や研修のなかだけにとどめないために、ぜひモヤモヤを大事にしてほしいと思います。

　モヤモヤは、いわば“筋肉痛”のようなもの。筋トレをして負荷をかけると、筋肉痛が起こります。そこでやめてしまうのではなく、またトレーニングをすることで筋肉がついていきます。

　学んだことで生じたモヤモヤを頭の片隅に持ち続け、次の学びにつなげてください。身近な人に話す、関連のありそうなニュースをチェックする、本を読む、いろんな方法があります。「わかった！」とスッキリする瞬間は来ないかもしれませんが、半年、1年、3年、10年（！）たったときに、自分なりの人権への向き合い方、人権の“筋肉”が、きっと形になっているはずです。それは、これからの社会を生きていくうえで必要不可欠なものとなるでしょう。今以上に人権が重視されることは確実なのですから。

　「差別をなくすにはどうしたらいいのか」、「公正な社会を実現するためにはどうしたらいいのか」という問いに答えはありません（もしあるなら、すでに問題は解決しているはずです）。だからといって、あきらめるのではなく、試行錯誤しながら考え続け、話し合う、それがあたりまえの社会になること。「差別のない公正な社会」とは、固定的な状態ではなく、よりよいあり方を探るプロセス（過程）なのではないでしょうか。

　「人権教育のための国連10年」の決議（1994年）では、人権教育を「あらゆる発達段階の人々、あらゆる社会層の人々が、他の人々の尊厳について学びまたその尊厳をあらゆる社会で確立するための方法と手段について学ぶための生涯にわたる総合的な過程である」としています。

　このワークブックが、1人ひとりが尊重される社会をつくるための、そして学んだみなさんが自分や身近な人々の権利を守るための学びの一歩となることを願います。

　最後に、卓抜した行動力と集中力、そして的確な問いかけで、やりっぱなしになっていた実践を一冊の本の形にしてくださった、共著者の伏見裕子さん、編集の椎名寛子さんに、心より感謝申しあげます。


　　2023年2月

栗本　敦子

著　者

**栗本　敦子**（くりもと・あつこ）
Facilitator's LABO〈えふらぼ〉主宰。市民団体の事務局職員を経て、現在は
フリーランス。ワークショップ（参加型学習）のファシリテーターとして活動。
行政・企業・各種法人の人権研修・ハラスメント研修、市民対象の各種講座など
の講師、高校・高専・短大・大学のジェンダーや人権・ダイバーシティに関する
科目の非常勤講師をつとめる。大阪府府民文化部人権室（人権局）発行の『人権
学習シリーズ』vol.4 〜 10 の教材作成委員。共著に『やってみよう！人権・部
落問題プログラム──行動につなげる参加型学習』（解放出版社、2012 年）。

**伏見　裕子**（ふしみ・ゆうこ）
近畿大学文芸学部文化・歴史学科講師。大阪公立大学工業高等専門学校総合工
学システム学科准教授および同校人権教育推進室長等を経て、現職。出産をめぐ
る民俗と人権問題について、フィールドワークを中心とした研究を展開。主著に
『近代日本における出産と産屋──香川県伊吹島の出部屋の存続と閉鎖』（勁草書房、
2016 年）（第 37 回日本民俗学会研究奨励賞受賞）、編著に『ふらっとライフ──
それぞれの「日常」からみえる社会』（北樹出版、2020 年）など。

本文イラスト　伏見　結（ふしみ・ゆい）

これからの社会を生きていくための人権リテラシー（第 2 版）
高専発！　書く・話す・考えるワークブック

2023 年 4 月 25 日　初版第 1 刷発行
2024 年 2 月 20 日　第 2 版第 1 刷発行
2024 年 5 月 10 日　第 2 版第 2 刷発行

著　者　　栗 本 敦 子
　　　　　伏 見 裕 子

発行者　　木 村 慎 也

定価はカバーに表示　　　　　　　　　印刷　シナノ印刷／製本　和光堂

発行所　株式会社　北 樹 出 版
http://www.hokuju.jp
〒 153-0061　東京都目黒区中目黒 1-2-6
TEL：03-3715-1525（代表）　FAX：03-5720-1488